警用格斗技术

训练教程

谢佳山　编著

厦门大学出版社　国家一级出版社
XIAMEN UNIVERSITY PRESS　全国百佳图书出版单位

内容简介

　　本书共分五部分内容:格斗技术理论篇,格斗技术技能篇,格斗技术实战应用篇,格斗素质训练及教学常识篇,格斗运动损伤预防与救护篇。书中介绍的格斗技能及训练方法,是作者20多来年从事警察格斗教学训练工作的实践经验和研究的成果,既能起到增强体魄的作用,又贴近警察一线执法实战。本书通俗易懂,图文并茂,既可作为公安院校徒手格斗技法训练教学的教程,也可作为广大格斗技法爱好者的学习参考用书。

前　　言

　　格斗技术是双方在击打中相互较量的一种争斗形式,是击打技术应用于实际争斗的一种方法,是制止犯罪、防身抗暴、修身养性的重要手段,是体育运动竞赛和群众健身休闲的内容之一。同时,格斗技术也是我国公安院校在校生和在职人民警察体技能训练的必修警务科目。所谓警用格斗技术是指人民警察在制止违法犯罪行为或在执行职务中遇到暴力抗法行为时,在不准、不能以及来不及使用警械和武器的情况下,依法以徒手制服、擒获犯罪嫌疑人的一项专门技术,是人民警察为保证顺利执行职务而必须掌握的一项重要的警务实战技能。进行格斗技术训练是克敌制胜的有效手段,是提高人民警察战斗力的重要方法,是培养优良意志品质和战斗作风的重要途径。习近平总书记在2019年全国公安工作会上强调,要坚持政治建警,全面从严治警,着力锻造"四个铁一般"公安铁军。这一论述为我国公安队伍建设指明了方向。"铁一般"的业务本领、过硬的业务素质是公安事业的履职之要,成事之基。扎实掌握格斗技术、提高警务实战技能对每一名公安民警意义重大。每一位公安院校的莘莘学子要高举中国特色社会主义伟大旗帜,全面贯彻新时代中国特色社会主义思想,弘扬伟大建党精神,自信自强、守正创新、踔厉奋发、勇毅前行,为全面建设社会主义现代化国家,全面推进中华民族伟大复兴而不懈奋斗。

　　当前,许多国家的警察部队都把格斗技术作为一项重要的课题来研究。作者对中外警察格斗技术教材加以研究整理,博采众家之长,以散打技法为基础,根据新时期我国警察体育教学训练的特点和需求,形成具有实用性强、练习方便、易见成效等特点的新时期警用格斗技术。《警用格斗技术训练教程》一书共分为格斗技术理论篇、格斗技术技能篇、格斗技术实战应用篇、格斗素质训练与教学常识篇、格斗运动损伤预防与救护篇五大部分,较为系统地介绍了警用格斗技术训练的内容和方法,以及格斗技术的运用,并在书中增加了格斗损伤预防与救护及竞赛规则等内容,尤其适合初学者研习。同时,作者凭借20多年格斗技术训练教学经验,结合人民警察体技能训练实际,从服务基层、服务一线、服务实战出发,对警察格斗技术进行了专门研究。全书内容充实不烦琐,理论体系与警察体技能训练及实战结合紧密,遵循教学训练规律,注重夯实格斗技术基础,突出"练为战"的训练目标,也考虑到在格斗过程中的打击尺度,体现了人本主义思想,这也是本书一大特色。希望该书的出版,能为警察格斗技术训练提供更多有益的理论指导和实践借鉴。

　　本书在编写过程中,得到了福建警察学院警训部主任刘建武教授的大力支持,得到福建公安高等专科学校原副校长林荫生教授、集美大学体育学院原院长郑旭旭教授的审阅、指正,警察学院散打队林梁等同学参与图像拍摄、整理,在此一并表示感谢。本书还参考了有关文献资料。由于学识所限,本书不足之处在所难免,敬请读者批评指正。

编著者

2022 年 12 月

目　　录

第一篇　格斗技术理论篇

第一章　格斗技术概述·· 3
第一节　格斗技术的历史·· 3
第二节　中外格斗术简介·· 4

第二章　格斗技术的特点、作用和意义······························· 7
第一节　格斗技术的特点·· 7
第二节　格斗技术的作用·· 8
第三节　公安人员习练格斗技术的意义···························· 8

第三章　习练格斗技术应知的生理常识······························· 10
第一节　人体关节、要害部位与穴位······························· 10
第二节　力学原理·· 14

第二篇　格斗技术技能篇

第一章　格斗基本技术··· 19
第一节　格斗式··· 19
第二节　步法··· 20
第三节　拳法··· 27
第四节　腿法··· 32
第五节　摔法··· 38
第六节　掌法··· 48
第七节　肘法··· 52
第八节　肩法··· 56
第九节　膝法··· 57

第二章　格斗组合动作技术 ································· 60

第三篇　格斗技术实战应用篇

第一章　徒手对徒手格斗 ································· 77
　第一节　拳法实战应用 ································· 77
　第二节　腿法实战应用 ································· 98
　第三节　摔法实战应用 ································· 118

第二章　徒手对持械格斗技法 ······················· 136
　第一节　徒手对持短棍 ······························· 136
　第二节　徒手对持匕首 ······························· 143

第四篇　格斗素质训练及教学常识篇

第一章　身体素质训练 ································· 149
　第一节　力量素质训练 ······························· 149
　第二节　速度素质训练 ······························· 156
　第三节　柔韧素质训练 ······························· 161
　第四节　耐力素质训练 ······························· 164

第二章　抗击力训练 ··································· 167
　第一节　跌扑滚翻训练 ······························· 167
　第二节　排打力练习 ································· 170
　第三节　防护强化练习 ······························· 175

第三章　心理素质训练 ································· 178

第四章　格斗教学原理 ································· 182
　第一节　格斗的教学原则 ····························· 182
　第二节　格斗教学的特点 ····························· 183
　第三节　格斗教学的阶段和步骤 ····················· 185
　第四节　格斗的教学方法 ····························· 187
　第五节　格斗教学课的任务与结构 ··················· 189

第五篇 格斗运动损伤预防与救护篇

第一章 格斗运动损伤的原因和预防·······193

第二章 格斗运动损伤的诊断与处理·······197
　　第一节 格斗中常见的运动损伤·······197
　　第二节 运动性病症·······204

附录 武术散打竞赛规则与裁判法

武术散打竞赛规则(节选)·······211

武术散打竞赛裁判法(试行)·······225

参考文献·······233

第一篇

格斗技术理论篇

第一章　格斗技术概述

格斗是双方在击打中相互较量的一种争斗形式,是击打技术应用于实际争斗的一种方法,是制止犯罪、防身抗暴、修身养性的重要手段,也是体育运动竞赛和群众健身休闲的内容之一。

格斗与中华武术有着广泛的联系和一致性,也有区别。其一致性为:就广义格斗而言,武术乃是格斗的渊源之一,武术可用于实战的招法、技巧都是格斗的内容,都是格斗的招法和技巧。散打则是在严格体育规则下进行的徒手格斗,属于格斗范畴。搏击是外国格斗的中文常用译语,搏击术也就是格斗技术。擒拿是以攻击关节部位、穴位或要害部位使对手失去反抗能力的一种实用技法,也是格斗的一个重要组成部分。总之,格斗的核心是实战,是敌我双方你死我活的对打。

警用格斗技术,是人民警察在制止违法犯罪行为或在执行职务中遇到暴力抗法行为时,在不准、不能以及来不及使用警械和武器的情况下,依法以徒手制服、擒获犯罪嫌疑人的一项专门技术,是人民警察为保证顺利执行职务而必须掌握的一项重要的警务实战技能。

格斗技术是每个公安人员必须具备的技能之一,而散打作为警用格斗技术的重要内容,在公安院校警体课程及基层一线体技能训练中被列为一个专项训练科目,以其贴近实战、可穿戴护具、容易进行实战对抗训练等特点,受到学员的喜爱。自1985年在广西南宁举行了第一届全国公安武警系统武术散手比赛以来,散打运动在全国各地开展得轰轰烈烈,不仅深受广大人民群众的喜爱,也受到了世界各国武术爱好者的青睐。迄今,散打运动已被列为正式体育竞赛项目,除了全国性的散打比赛外,国际性的武术散打擂台赛也已成功地举行多次。散打运动正以"中国特色的搏击运动"这一崭新的面貌走向世界。

第一节　格斗技术的历史

自从有人类社会以来,人类就在为生存而同自然界的各种动物,包括与同类进行着殊死搏斗。最初只是简单的打、踢、咬、抓等本能的动作,用这些动作击打对方,以便更好地保护自己,这是格斗的雏形。

随着人类的发展,人类大脑思维的增强,格斗技术不断发展,格斗技法日益繁多,并最早应用于军事斗争中。中国自夏朝就开始在军队中对士兵进行徒手格斗和各种兵器格斗的训练。秦始皇统一六国建立秦朝后,"收天下兵器铸铜人",大批士兵"解甲归田"。当时只允许军队训练,严禁民间操戈习武。士兵离开军队后,仍偷偷习武,由于没有兵器,只能徒手练习,从而促进了徒手格斗技术的发展,创造了"角抵""手搏"等徒手格斗的对抗形式,并出现了"角抵社"等民间组织。

三国时期,"角抵"和"手搏"技术又被推广到军队训练中,格斗技术遍布于军队和民间。人们利用训练和劳动间隙进行比武,通过切磋武艺,提高身体素质和技术水平。

唐、宋时期,格斗技术有了进一步的发展,军队把它作为战场杀敌的主要手段,民间把它作为强身健体的锻炼方式。其形式有两种:一种为套路演练,即把各种技击动作按套路编排下来,既美观又实用,有徒手对练套路,也有器械对练套路;另一种为格斗技术,以实用为主,有徒手格斗,也有持械格斗。当时还把擂台比武作为选拔武状元的一项主要内容。

明、清时期,格斗技术又有了进一步发展,形成了各种武术流派。各派将实用的攻防技术融会于套路之中,大量的攻防技术通过各种套路保存下来。同时,套路又为攻防格斗提供了熟练的技术"散招"。促进了格斗在技法上进一步提高,拳、掌、肘、膝、头、足、胯、肩、齿等部位,都可以运用于格斗之中。各种练功方法也应运而生,武师们力图通过掌握一两手"绝招"以保证在格斗中取胜。

新中国成立后,格斗技术不但是军队、警察和保卫部门的训练课目,也和散打、摔跤、拳击、柔道等一样是制敌项目,特别是在公安部门和武警部队已成为必不可少的训练课目。通过擒敌、捕俘训练,擒拿格斗技术在维护社会治安、打击罪犯的斗争中发挥了极大的作用。同时,中国警察的擒敌技术,还被国际警察组织所采用。

第二节　中外格斗术简介

当今世界上,格斗术种类繁多,各具民族风格与特点。目前影响较大、实用性较强、较为流行的格斗术主要有:散打、擒拿、泰拳、摔跤、截拳道、拳击、空手道、合气道、跆拳道、短兵、剑道等。其技术动作、攻防理论和练习方法十分丰富,是各国人民在长期的生活与斗争中积累和发展起来的文化遗产,也是公安武警、侦查和部队人员必须学习的专业知识。

一、散打

散打是中国武术技击的典型代表,亦称"散手"。现代的散打是两人遵照一定的规则,使用踢、打、摔等技击方法进行的徒手格斗,以击中对方有效部位得分多少或击倒对手判定胜负。其主要方法有拳法(直拳、勾拳、摆拳)、腿法(踹腿、蹬腿、弹腿等)、摔法(近距离摔、中远距离摔等)。散打的主要特点是脚并用、招法众多、摔法突出。

散打在技术方法上追求巧妙和效果,有"远踢、近打、贴身摔"的技术特征,同时有抢攻、迎击、佯攻、扬长制短等战略战术,是"中国功夫"的典型代表。

二、擒拿

擒拿是中华武术的又一基本形式,是根据人体关节活动的特点与幅度,使用各种技术方法,使其关节受制。民间有"三十六拿法、三十六解法",通常称为"七十二擒拿"。实际上擒拿方法数以千计,不同的部位使用不同的方法,不同的方法均有不同的力点。经常使用的方法有刁、拿、锁、扣、扳、点、缠、切、拧、按、旋、卷、封、闭、顶、抓等。擒拿技术的主要特点是:轻灵巧取、招法奇妙、动迅静定、简捷剧烈。它是捕俘的上佳方法。

三、泰拳

泰拳是泰国的民族传统体育项目,是泰国的国粹,号称五百年不败,是一种攻击性强、对抗激烈的竞技体育运动。泰拳招式简练,动作凶狠,主要有摆踢、冲膝、肘顶三大绝招。尤其重视严格的身体训练,要求有较好体能和抗击打能力。其运动特点主要是:硬打硬进、重拳重腿、攻击性强。

四、摔跤

摔跤流行于世界各国,有"角抵""相扑""手搏""角力""掼跤""争跤""摔角""柔道"等名称。摔跤在发展过程中,逐步形成了各国不同的特点与风格。中国式摔跤以以小胜大而著称于世,受到了世界各国人民的青睐。中国式摔跤要求手脚配合、攻守兼备、随机应变。中国式摔跤的主要特点是:动作灵活、招式快捷、技法巧妙。

五、截拳道

截拳道是著名的电影武星李小龙根据中国南拳的拳法和北方拳种的腿法,并吸收西方拳击的精粹而创造的一种技击术,具有少拳法、多腿法、无套路形式、注重身体训练的特点。其拳法主要有冲拳、勾拳、翻背拳、戳指等,腿法主要有侧踢、扫踢、勾踢、连环踢、旋转踢等。截拳道要求步法灵活,手法短促、迅速、准确,腿法以攻为主。在实战中,常以假动作与组合动作进行截击,具有直取快攻、指上打下、虚虚实实、变化莫测的特色。

六、拳击

拳击是西方国家的一项竞技体育项目,是双方手戴拳套,遵守一定的规则和使用一定的拳法,伺机打击对方腰带以上部位,以击倒对方为优胜,以击打有效部位多寡决定胜负的二项竞技运动。

拳击分为职业拳击与业余拳击两种。职业拳击在西方各国广为流行。业余拳击已纳入奥运会与亚运会项目。正式的拳击竞赛是在拳击台上进行的,具有动作简练、对抗性强、格斗激烈的特点。

七、合气道

合气道是日本的传统体育项目之一,其在发展过程中,兼收众家之长而成为现代武道。合气道的技法是由顺应自然规律的动作构成的,符合人体全面、均衡、和谐发展的运动规律,与中国擒拿术、中国式摔跤有异曲同工之妙。其主要方法有四方摔、人身摔、立技、座技等技法。主要有四个特点:一是重视"气"的修炼,二是注重气、心、体的统一,三是以礼为重,四是注重"人性"的修行。尽管其不注重胜负之争,但在技法上讲究立体进攻、借力发力、快速敏捷、出奇制胜。

八、跆拳道

跆拳道是朝鲜的民族体育项目。以"礼义廉耻、忍耐克己、百折不屈"为宗旨,是以脚部功夫为主的一种传统武技。跆拳道的运动方法主要有腿法(蹬腿、外摆、里合、弹腿、踹腿、鞭腿、劈腿等)、拳法(冲拳、勾拳、弹拳、鞭拳、劈拳等)、掌法(砍掌、插掌、推击等)、肘法(击肘、顶肘等)、膝法(撞膝等)。其主要运动特点是以腿为主、发力发音、步法灵活、变化多样。

九、短兵

短兵是各种短兵器(刀、剑、鞭、铜等)的统称。短兵运动是用刀、剑等短兵器的攻防招法,进行实战操练或表演、比赛的一种对抗性项目。训练及比赛时使用的器材主要是利用藤条裹以海绵、外包皮质而制成的短器械。长约1米,直径约3.3厘米。制敌或练习时,运用劈、刺、崩、点、拦、截、架及砍等技法,并遵照一定的规则,以击中对方有效部位或击倒对方为得分,以得分多者为胜方。短兵运动的主要特点是:技术简练、动作快捷、步法灵活、虚实结合。

十、剑道

剑道是日本格斗的主要内容之一,是讲求修身养性、技精气合,并十分注重礼仪的一项现代体育。剑道所使用的剑是用竹子或坚木制成,有长剑与短剑之分,重约375~500克。比赛中常用竹剑,在规定时间内,以击中对方有效部位(面部正面、左侧、右侧,手部、腹部及喉部)为得分,以得分多者为胜方。剑道在服饰上有严格的要求,训练与制敌中注重礼仪,要求绝对服从裁决。其主要格斗法是:格挡、击刺、拨打、劈击等。

第二章　格斗技术的特点、作用和意义

第一节　格斗技术的特点

格斗是双方在击打中相互较量的一种争斗形式,是击打技术应用于实际争斗的一种方法,是制止犯罪、防身抗暴、修身养性的重要手段,也是体育运动竞赛和群众健身休闲的内容之一。格斗技术的训练与其他搏击课目训练是相关联的,与它相关的技击术有散打、拳击、摔跤、跆拳道、泰拳等,按照技术要求完成动作的能力是格斗术的综合体现。实践证明,基本技能、相关技能储备越多,格斗技能发挥出的效果就越大。

格斗术是以踢、打、摔、拿为主导,斗智斗勇、较技较力、对抗性很强的一门技能。不同于其他体育项目,它受一定的规则限制。它既有一招制胜的单招攻击,更有打拿结合、踢打结合、打摔结合的连招攻击。本书所阐述的格斗技术是以散打为主要内容的技法,具有以下特点:

一、对抗性

格斗技术是警察体育的一个重要组成部分。但它明显区别于其他体育项目,其对抗程度、动作实用性和击打效果,都超出了一般意义上的竞技比赛。也就是说,格斗术是以制服对方为目的、以简单实用为原则的,而不是以观赏性为要求。

二、简捷性

格斗技术在突出实战性和对抗性的基础上,动作力求简捷,训练的条件力求简易,练习的方法力求简便。在面对面接触搏斗时,通过拳打、脚踢、膝顶、肘撞、快摔、擒拿等招法的配合运用,以看似简单的动作获取最好的击打效果。

三、针对性

格斗技术在编创上、动作设计上以及训练方法上,都把针对性放在突出位置。每个环节都考虑到近身、突然、有效等要素,使受训者在通过系统训练后,能够熟练掌握制暴技术,做到反应敏捷、一招制胜。当然,制服犯罪分子是没有固定的动作顺序的,在搏斗中必须应势出招,快速果断、出其不意,才能先发制人,将对手彻底制服。

第二节　格斗技术的作用

一、修身养性,培养品德

格斗技术的动作和训练与传统武术虽有所区别,但同样推崇"以礼始,以礼终"的尚武精神,练习中也要以"礼义廉耻、忍耐克己、百折不屈"为宗旨。其训练能够陶冶情操,培养人的意志品质和吃苦精神。但应注意的是,长期的格斗技能训练必须克服单调、枯燥、乏味的心理,忍耐训练带来的疼痛、疲劳等,增强敢打必胜的信心,磨炼坚韧不拔、积极向上的意志品质,养成宽厚待人的美德。当然,对敌斗争则应毫不留情、一招制敌。

二、强健身体,防身自卫

格斗技术运动紧张激烈,对抗性强,能够强壮筋骨,提高各关节的灵活性及肌肉的伸展性和收缩能力,提高人体的抗击打能力。练习者通过系统攻防练习与刻苦训练,熟练地掌握技击术,从而练就强健的体魄和过人的胆识,具备过硬的防身自卫能力。

三、技击欣赏,丰富生活

格斗术虽然突出一个"简"字,但同样有着极高的欣赏价值和娱乐功能。尤其是在现代社会里,人们的生活节奏快,心理压力大,需要通过一定的训练来缓解压力、平衡心理。格斗术训练时的紧张、激烈和刺激正好满足了人们的心理需求。训练双方不仅要斗勇、斗技,而且还要斗智,通过高超的技艺展示格斗术的特点。在对抗中高来低往,相互缠斗,攻防互换,不仅给人以美的享受,还能激发人的斗志,鼓舞人奋发向上,丰富我们的生活。

四、适应新环境,提高战斗力

恐怖活动的日益猖獗,严重威胁着人民的生命财产安全。一些暴力恐怖组织和黑社会团体,作案形式变化多端、手段凶残,除了有组织的武装行动,一般的人身伤害也占到了相当大的比例,给参与处置的人员素质尤其是格斗技术提出了更高的要求。只有掌握一定的擒敌技能,才能有效地制服犯罪分子,保护人民生命财产的安全,维护社会的安全稳定。

第三节　公安人员习练格斗技术的意义

二十大报告强调:"全面建设社会主义现代化国家,必须有一支政治过硬、适应新时代要求、具备领导现代化建设能力的干部队伍。"这一论述,充分说明警察队伍必须增强政治意识,善于从政治上看问题,善于把握政治大局,不断提高政治判断力、政治领悟力、政治执行力。习近平总书记在2019年全国公安工作会上强调,要坚持政治建警,全面从严治警,着力锻造"四个铁一般"公安铁军。这一论述为我国公安队伍建设指明了方向。"铁一般"的业务本领、过硬的业务素质是公安事业的履职之要,成事之基。扎实掌握格斗技术、提高警务实战技能对每一名公安民警意义重大。每一位公安院校的莘莘学子要高举中国特色社会主义伟大旗帜,全面贯彻新时代中国特色社会主义思想,弘扬伟大建党精神,自信自强、守正创新、踔厉奋发、勇毅前行,为全面建设社会主义现代化国家,全面推进中华民族伟大复兴而不懈奋斗。

一、格斗技术是克敌制胜的有效手段

近些年来,随着格斗技术的不断发展,人民警察在执行职务时临战意识的不断加强,对人民警察使用警械和武器以及其他强制手段的法律规定的不断完善,格斗技术在有效制止违法犯罪行为、制服擒获犯罪嫌疑人以及保障人民警察在执行职务时的人身安全等方面的独特作用越来越被各级公安机关和广大公安民警所认识,擒拿格斗技术是克敌制胜的有效手段,这已成为大家的共识。实践已经证明并将继续证明,只要公安民警熟练掌握了擒拿格斗技术,就能在对敌斗争中做到以最小的代价换取最大的胜利。

二、格斗技术是提高战斗力的重要方法,是衡量民警战斗力的重要标准

民警的战斗力不仅要看其装备水平,还要看其体能状况和整体组织指挥、协调配合能力以及专业技能水平和实战运用能力。坚持对民警进行经常化的格斗训练,不仅能使民警全面掌握和长期保持使用列装警械和武器以及徒手擒拿格斗的技能,而且能增强民警的体质,提高速度、力量、耐力、抗击力以及灵敏反应等专项身体素质,使民警保持充沛的体力,使身体承受激烈搏斗与对抗的能力,还能通过各种战术的训练,提高民警整体协调配合能力。因此,擒拿格斗训练是提高人民警察战斗力最为有效的方法之一。

三、格斗技术是培养优良意志品质和战斗作风的重要途径

格斗训练中的严格要求、紧张气氛以及超负荷的大运动量、大强度训练和实战对抗的激烈残酷,对培养民警勇猛顽强、沉着冷静、机智果断、坚韧刚毅的意志品质和不惧强手、连续作战、奋力拼搏、服从命令、听从指挥的战斗作风具有非常显著的效果和独特的作用,是其他任何训练项目无法替代和比拟的。

第三章 习练格斗技术应知的生理常识

在对敌使用格斗技术时,为了达到一招制敌的效果和将敌制服拿获的目的,往往选择击打敌身体的要害部位和点穴拿脉、分筋错骨、反折关节等技术动作。但是,教学训练中的攻防配合练习和实战练习,也容易给对方身体造成不同程度的损伤。因此,初学者必须了解掌握有关人体关节、要害部位、穴位以及损伤的急救与预防等方面的生理知识。

第一节 人体关节、要害部位与穴位

一、人体关节

1.下颌关节。由下颌骨的下颌小头与颞骨的下颌窝和关节结节构成,只能做开口与闭口运动,活动范围小。由侧面击打或挤挫下颌关节,可使其脱臼,不能发音,并影响头部和身体各部位的运动。用勾拳由下向上击打下颌,易伤舌头,并对大脑产生剧烈震动。

2.颈椎关节(俗称脖关节)。由七块颈椎骨之间,借膜性、软骨及骨性结合以及相邻椎骨的下、上关节突联结组成,是连接头颅和躯干的关节。活动范围较大,能左右侧屈 $45°$、前屈后伸 $45°$、左右旋转 $80°$。如用力击打或过度拧转、推压,可使其失去正常的生理功能,并影响身体的运动姿态。严重的会造成颈椎受伤、错位甚至可导致脊髓受损,造成高位截瘫。

3.肩关节。由肩胛骨的关节盂和肱骨头构成。是全身最灵活的关节,可做屈 $90°$、伸 $45°$、内收外展总和 $90°\sim120°$、旋内旋外总和 $90°\sim120°$以及环转运动。由于肩关节前下方肌肉较少,关节囊软弱,如向左右猛拧或向前、后扳拉超过极限时,会使肩关节脱臼或肌肉、韧带拉伤,甚至撕裂,从而造成剧烈疼痛甚至昏迷,使上肢和上体丧失活动能力。

4.肘关节。由肱尺、肱桡、桡尺三组关节包在一个关节囊内组成。主要能做屈、伸运动,一般屈可达 $148°$,而伸仅为 $10°\sim20°$。由于肘关节前、后方没有韧带加强,在肘关节伸直后如受杠杆力击打或扳压,会造成关节损伤或肌肉撕裂;倒地过猛时,如用手臂伸直撑地,会导致肘关节脱臼,使手臂丧失运动功能。

5.腕关节。由桡骨下端的关节面和尺骨下端的关节与舟、月、三角骨组成的关节头共同构成。活动范围较大较灵活,能屈 $80°$、伸 $70°$、内收 $35°$、外展 $25°$以及环转运动。如受外力猛烈击打或向前后左右拧转扭折超过其活动极限,会造成关节损伤和韧带撕裂,从而丧失手腕运动功能。

6.掌指关节。由五根掌骨小头与第一节指骨底构成。主要能做屈 $90°$、伸 $80°$运动。用力向前、后折压手指超过极限或向左右扭拧，都会造成关节损伤或骨折，从而丧失手指抓握功能。

7.腰椎关节。关节组成与颈椎关节相似，但更粗壮厚实，是维持身体前后平衡，联结身体上下运动的枢纽。可做较大幅度的屈、伸和侧屈、回旋及环转运动。当腰椎伸直时，遭受由后向前的猛力撞击或砸压，会造成剧烈疼痛，严重时会造成腰椎错位，损伤脊髓，导致下肢瘫痪。

8.髋关节。由股骨头与髋臼连接构成。因股骨头深嵌在髋臼之中，周围连接韧带又都坚韧紧张，履盖包裹关节的肌肉群厚实有力，能做屈、伸、内收、外展及环转运动，但运动范围受限制，不够灵活。在实战中受对方击打而致髋关节损伤的可能性不大，但在自己做腿法练习及实战应用时，如准备活动不足或柔韧性较差或技术性错误，易造成连接或跨越髋关节的韧带或肌肉拉伤甚至撕裂。

9.膝关节。为人体内最大、最复杂的关节，由股骨下端、胫骨上端及髌骨联结而成。关节腔内有半月板，起润滑和缓冲作用。关节两侧有侧付韧带，起稳固制约作用。主要能做屈伸运动，正常屈伸度约130°左右。当膝关节伸直支撑身体时，关节处于紧密嵌合位置，此时如从膝关节前、后方向或左、右两侧猛力踢打，会造成关节腔内半月板损伤甚至撕裂或造成左右侧付韧带拉伤甚至撕裂，从而使下肢丧失运动功能。

10.踝关节。由胫骨、腓骨的下端以及胫腓横韧带与距骨滑车构成。可做背屈25°和跖屈45°运动。如用力扳压或扭转脚掌时，会造成踝关节损伤及韧带拉伤。

二、要害部位

1.头部。是人体最重要的要害部位。头部颅腔内有大脑、小脑和脑干，是控制人体生命活动的神经中枢。头部遭受暴力击打，较轻者会造成脑震荡，重者会造成颅骨凹陷或颅内血肿而使颅腔内压力增高，形成"脑疝"而死亡。

2.颈部。是影响人体生命活动的重要通道，主要有正面的咽喉，两侧的颈总动脉和后面的颈椎。颈部被锁、被勒或咽喉被卡压以及颈总动脉被砍击，会造成呼吸困难，大脑缺血，或造成心脏反射性心跳停止而使人休克或昏迷，如用力过猛，会在短时间内使人窒息死亡。

3.胸部。胸腔两侧有肺，是呼吸系统中用于气体交换的最重要的器官。胸腔正中偏左有心脏和连于心脏的大血管，是保证血液循环的动力器官和心血管系统的枢纽。胸部受到暴力击打或重力挤压、砸压，会使心、肺功能受到严重影响和损伤，严重的会造成心、肺功能衰竭而死亡。

4.肋部。由12对肋骨组成，并与12个胸椎以及胸骨共同构成骨性胸廓，保护胸、腹内脏器并参与呼吸运动。由于肋骨细长脆弱，呈弓状弯曲，受到暴力击打或重力砸压时，易造成骨折，轻者疼痛难忍，影响呼吸。重者骨折端刺破胸、腹内脏器，造成循环障碍或体内大出血，导致休克甚至死亡。

5.腹部。腹腔内有肝、胆、脾、胃、肠、膀胱等脏器。腹壁内膜层上和各脏器外膜层上感觉神经末梢丰富，对痛觉感受非常灵敏。受到暴力打击后，会感到剧烈疼痛，引起反射性痉挛、呕吐或休克、昏迷，严重的会造成脏器破裂体内大出血而死亡。

6.腰部。腰椎两侧有肾脏，是人体重要的泌尿器官。由后或两侧击打腰部，可使脊神经腰丛部分和肾脏受到损伤，失去正常功能，严重的可导致下肢瘫痪或因肾功能衰竭而死亡。

7.裆部。是生殖器官所在处,人体感觉神经末梢最丰富、最敏感的部位。如受到顶、撞、抓、踢等暴力击打,会引起剧烈疼痛和痉挛,导致休克、昏迷甚至死亡。

三、穴位

穴位,俗称穴道,是人体经络上具有抑制某一机体机能的点位。格斗中,结合踢、打、摔,实施点、掐、拿、压可以增强攻击威力,使人感到疼痛难忍、酸麻无力、昏迷休克,达到攻其一点,控制全身的制敌效果。

1.致人伤残、昏迷、死亡的穴位:

①太阳穴。位于眉梢与外眼角之间,向后约1寸凹陷处。

②印堂穴。位于两眉毛内侧端中间处。

③翳风穴。位于耳垂后,张口凹陷处。

④哑门穴。位于颈后发际上0.5寸,第一颈椎和第二颈椎棘突之间。

⑤天柱穴。位于哑门穴旁约两横指处。

⑥廉泉穴。位于喉结中间处。

⑦天突穴。位于胸骨切迹上缘正中上0.5寸凹陷处。

⑧鸠尾穴。位于剑突下0.5寸处。

⑨乳根穴。位于乳头直下,第五肋间处。

⑩命门穴。位于第二腰椎和第三腰椎棘突中间处。

⑪智堂穴。位于命门穴旁3寸处。

⑫幽门穴。位于鸠尾穴旁0.5寸处。

⑬章门穴。位于腋中线屈肘夹臂肘尖处。

2.使人体局部暂时失去功能的穴位:

①肩井穴。位于第一椎骨之上,肩峰连线中点处。

②巨骨穴。位于肩锁关节后缘、锁骨与肩胛冈形成的叉角间。

③肩内陵穴。位于锁骨肩峰与肩前腋前纹端连线中间处。

④臂臑穴。位于三角肌下端,曲池与肩髃连线处。

⑤曲池穴。半屈肘,立掌,位于肘横纹处侧尽头与肱骨外上髁连线中间处。

⑥少海穴。屈肘,举臂,位于肘内侧横纹尽头处。

⑦尺泽穴。仰掌、微屈肘,位于肘窝横纹上,肱二头肌腱处侧处。

⑧内关穴。位于小臂内侧,腕内横纹上2寸处。

⑨外关穴。位于小臂外侧,腕背横纹上2寸处。

⑩阳池穴。俯掌,位于第3～4掌骨直上,腕横凹陷处。

⑪风市穴。直立时,位于大腿外侧,手臂下垂,中指尖所点处。

⑫委中穴。位于腘窝横纹中点处。

⑬承山穴。用力伸直脚尖使脚上提,位于小腿后侧"人"字沟处。

⑭血海穴。屈膝,位于大腿内侧,髌骨上缘上2寸处。

⑮颈臂穴。位于锁骨内1/3与外2/3交界处上1寸。

⑯天容穴。位于下颌角后下方处。

国家标准经穴部位挂图

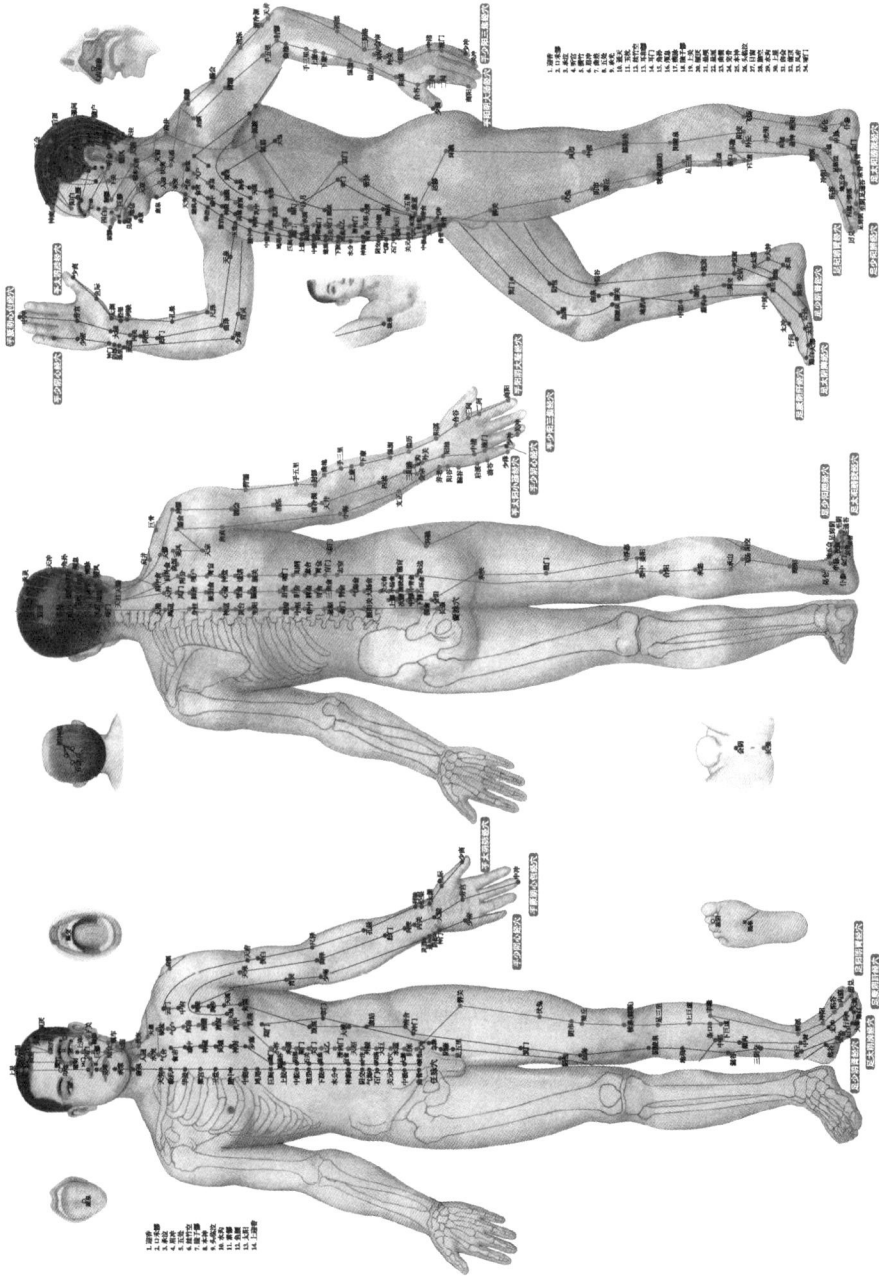

图1-3-1 全身经络穴位图

（图片来源：http://www.tupian114.com/photo_781341.html）

第二节 力学原理

格斗技法虽动作繁多,但招式无一不是在力的作用下进行的,没有力,就谈不上克敌制胜。因此,掌握相关的力学原理,有利于更好地学习、领会、理解和掌握擒拿格斗技术动作,有利于提高教学、训练质量,增强实战能力。

一、速度与力量

速度与力量是擒拿格斗的两大基本要素。擒拿格斗要求以快打慢,快速制敌,重创对手。快速击打,一可使敌防不胜防,二可增大击打力度。力学原理表明,人体的各种动力性的动作都具有加速度,从牛顿第二定律公式 $F=ma$ 可以看出,运动物体加速度 a 与作用力 F 成正比;当物体质量 m 不变时,加速度越大,作用力也就越大。例如,重量为 60 kg 的人,用同样的方法和力量击打,第一次的加速度为 10 米/秒,第二次的加速度为 20 米/秒,那么第二次的击打力就是第一次的两倍。实践证明,用同样的力量快速击打比慢速击打所获得的效果要好得多。我们在教学训练中,要求学员掌握和使用爆发力和寸劲,就是这个道理。

二、重心与平衡

重力的作用点称为物体的重心,物体失去平衡的难易程度称为稳度,而取得平衡的关键在于重心的控制。一个物体是否失去平衡,取决于该物体重心是否落在支撑面内,物体的重心落在支撑面之内,它就保持平衡,反之,它就失去平衡;另外,支撑面大,稳度大,支撑面小,稳度相对就小;同样的支撑面,重心位置高,稳度小,重心位置低,稳度相对就大。力学上还用稳定角来反映重心与支撑面对稳度的影响。重力的作用线(重心垂线)和重心到支撑面边缘相应点连线之间的夹角叫稳定角。稳定角越大,稳度也越大,反之,稳度应越小。因此,要想增大动作的稳定性,就要根据攻防的需要调整好重心和支撑面。如格斗中,敌下潜抱住我左腿欲行摔法,我即骤降重心,右腿往后撤步,加大支撑面,增大稳定角,即可防止被敌摔倒。相反,亦可利用重心与平衡的关系克敌制胜。如贴身格斗中,我使用"夹颈别摔"动作,以右手臂夹住敌颈部,右脚上步别住其右脚阻其后退,突然左转腰上下交错用力,迫使敌失去重心而倒地,就是科学运用了重心与平衡的力学原理的典型动作。

三、惯性与制动

惯性是运动物体固有的性质。格斗中,敌我双方既要前后左右不断移动,寻找战机,还要根据对方的动作采取相应快速的进攻或防守动作,人体处在不停地运动中,就会产生惯性。

公安民警在与敌搏斗中,合理巧妙地利用敌的动作惯性加以反击,会产生良好的效果。搏斗中,敌不断凶猛地向我进攻时,正是我利用惯性,对其进行致命还击的最佳时机。如敌持匕首直扑过来,刺我腹部,我侧闪避其锋芒,使其落空,并趁势抓搂敌持械之臂,借助其前冲的惯性,"顺手牵羊",用力牵拉而使其前扑跌地;再如,敌猛冲过来,上步蹬我腹部,我右侧身闪过,借助敌前冲的惯性,以右直拳迎击其头面部,必使其重创。就如小孩抛击一个小石块与飞驰而来的汽车挡风玻璃相撞击,玻璃即刻被击粉碎,尽管抛击的石块很小,速度也很慢,但却借助了汽车前冲的速度。利用敌前冲的惯性击打,其道理也是如此。

格斗中,敌我双方进退与攻守都是相生相克地互相变换的。惯性与制动也是随动作的变化而相互变化的。既然我能利用敌的动作惯性加以击打,敌也必然可以利用我的动作惯性给我以还击。因此,在攻防格斗中根据临敌情况,有时应破坏惯性而紧急制动,以免给敌有可乘之机。例如:侧弹腿攻击是格斗中的重要招法,侧弹时,我利用动作惯性,以加大踢击的力度而重创敌。但若踢空时,又不善于制动,就容易因惯性太大而转身,形成背部受敌的被动局面。因此,训练时应重视动作的制动,即加快攻、防的应变转换,做到快动急停,能攻善守。

四、作用力和反作用力

力学原理表明:A 物体给 B 物体施加一定的作用力,那么 B 物体必然对 A 物体也产生相应的反作用力,作用力与反作用力总是大小相等,方向相反。格斗中,我击打的力作用于敌的身体部位,这个部位也会对我产生相应的反作用力。我若不注意进攻或防守方法,一味地蛮攻硬打,则有可能会受到此反作用力的伤害。如我与敌抱缠在一起,我突然使用"勾脚前压"动作,将其压跌于地。这时,我的身体重量,加上快速下压的重力加速度,势必给敌身体产生一个较大的压力(作用力),同样,敌的身体也对我的身体产生相同的反作用力。这时,如因技术方法不对,我下压时腹部正好压到敌屈曲的膝关节上,其膝关节产生的反作用力势必会对我造成伤害。因此,我们在格斗中对敌施加打击力时,一定要尽量避免和减少敌身体对我身体薄弱部位形成反作用力而造成的伤害。

五、压力与压强

单位面积上受的压力称为压强。根据压强等于压力除以面积的公式可知,当压力一定量时,受力面积越小,压强就越大;反之,压强就越小。格斗中,不管使用任何方法,总是要尽可能对敌施加压强(击打力),这个压强越大越好。用同样的力出击,如果着力点的面积相对减小,那么对这个部位打击力度(压强)就相对增大,被击打处就会受到更大的创伤。从人体的构造来看,指尖、肘尖、膝尖、掌根面积相对较小,若用同样的力量,以"透骨拳"击打太阳穴或单指戳击咽喉或掌根砍击颈外侧,比用拳面攻击相应部位的杀伤力要强得多。这也正是拳谚所说的"宁挨十拳,不受一肘"的道理。因此,在与敌搏斗的危险时刻,应多发挥肘、膝、指、掌的威力,尽量"指戳掌劈"、"肘顶膝撞",以减小攻击面积加大压强(击打力),力争一招制敌。

六、合力与分力

将几个力集中作用于物体的某一点称为合力。打拳踢腿时,要求蹬腿、拧腰、转髋、顺肩,尽可能使身体各环节和攻击的拳脚合成用力,从而调动身体各部分力量集中于拳腿的攻击点上,以求获得最大的击打力,这就是合力的原理。

分力指发出的击打力分解成两个或两个以上方向的力。如打直拳时,先抬肘再出拳,这就使出击的直拳产生向前和向上的分力;直拳击打时成弧形下落,则使击打的直拳产生向前和向下的分力。分力使作用于物体(人体)的击打力大大减少。技击中,我们常要求"收如弓、去如箭""发力顺达""力点准确",就是要求身体各环节用力协调一致,击打轨迹径直准确,而不至于产生分力,削弱击打效果。掌握了这个原理,我们在进行技击训练时,就能正确理解和掌握每个动作的发力特点和要求。如蹬腿是从里向外直蹬用力,而不该向上"撩"腿以致产生分力;防摔时的"转体拧腰",则是为了改变对方的发力方向,将对方的合力化解成分力,以达到防摔的目的。

第二篇

格斗技术技能篇

第一章 格斗基本技术

　　格斗基本技术由格斗式、步法、进攻技术、防守技术等组合而成,是整个制敌技术体系的主要部分。它的基本要求是攻防兼备、招法凌厉、攻击勇猛、简洁实用、效果明显,以制服对手为最终目的。格斗技法种类繁多,以下主要介绍广大公安民警、警察院校学员必须掌握的基本格斗技术:实战姿势、步法、拳法、腿法、抱腿摔、接腿摔、贴身摔、掌法、肩法、肘法、膝法。

第一节 格斗式

　　格斗式也称实战姿势,简单说就是实战时的预备姿势。它的正确与否,直接影响着进攻与防守技术的发挥。好的实战姿势,不但有利于步伐的迅速移动,攻防技术的施展,而且有利于形成对身体的有效防护。实战姿势是格斗技术中不可缺少的一部分。

　　中国武术流派很多,各个流派所采用的实战姿势五花八门:有采用高虚步、三体势的,也有采用半马步甚至跪步的。这些姿势各有其特点,但有些存在着移动不灵活、过于僵硬、不利于发动较快的进攻或做出较快的防守等缺点。

　　最佳的实战姿势应符合以下要求:身体自然协调,步法移动方便,进退迅速灵活,重心稳固,便于发力,有利于运用进攻与防守技术,对身体形成合理有效的防护,暴露给对手的击打面积相对较小。

　　基本实战姿势:

　　两脚前后开立,与肩同宽或稍宽于肩,左脚在前右脚在后,身体稍右转约 40°,左脚尖稍内扣,右脚跟稍离地。两膝微屈,身体重心落于两脚之间,踝关节保持弹性,以感到自然舒适为宜;两手握拳,左手臂微弯屈,上臂与前臂间夹角约 90°,拳与鼻同高,拳心向右,右手臂弯曲,右手握拳置于下颌处,贴右侧肋部,沉肘,立腕,含胸收腹,下颌微收,目视前方。(图 2-1-1、图 2-1-2)

　　实战姿势有左势和右势之分。

图 2-1-1　　　　　　　　图 2-1-2

左势指左脚、左手在前,右脚、右手在后的实战姿势;右势则指右脚、右手在前,左脚、左手在后的实战姿势。左手是弱手侧、右手是强手侧采用左势,反之采用右势为基本实战姿势。通常采用左脚在前的基本实战姿势。

左势与右势动作相同,唯方面相反而已,采用时可根据个人习惯而定。左势、右势的选用不是一成不变的,可视实战中的需要而改变。要有利于战术的运用,姿势的高低等亦可调整,不必拘泥于一势。但任何变化都应在掌握好正确的基本姿势并达到熟练程度的前提下进行。

第二节　步　法

格斗中,为运用进攻或防守技术战胜对手而采取的脚步移动的方法称为步法。拳谚道:"先看一步走,再看一伸手""步不快则拳慢,步不稳则拳乱"。这道出了步法的重要性。步法的好坏直接关系到格斗技术的运用和发挥。实战中,双方之间的距离不断变化,有时需要接近对手进行主动进攻,有时要拉开与对手的距离进行防守或反击。这就需要用灵活快速的步法进行调整。步法的移动要求规范化,在移动中必须始终保持重心的平衡与稳定,以便做出及时迅速的反击和防守。格斗的步法很多,以左势为例,这里我们主要介绍几种常用的步法。

一、进步

动作要领:实战姿势开始,左脚提起向前进一步的同时,右脚主动蹬地擦地跟上,上体姿势保持不变,保持两脚间距离不变,保持身体重心稳定,还原成实战姿势。(图 2-1-3)

要点:右脚蹬地的同时主动擦地跟进。

二、退步

动作要领:实战姿势开始,右脚提起向后退一步的同时,左脚蹬地迅速向后擦地后退,前脚掌先着地,身体保持平衡稳定,两脚距离保持不变,还原成实战姿势。(图 2-1-4)

要点:右脚向后退步的同时左脚主动蹬地。

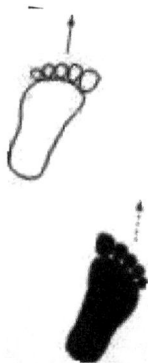

图 2-1-3　　　　　　　　　　　　　　图 2-1-4

三、前滑步

动作要领:实战姿势开始,右脚蹬地,左脚右脚同时擦地前滑,上体保持不变,还原成实战姿势。(图 2-1-5)

要点:两脚擦地前滑,身体随滑步前移,保持平衡。

四、后滑步

动作要领:实战姿势开始,左脚右脚同时蹬地,擦地向后滑动,两脚距离和上体姿势保持不变,成实战姿势。(图 2-1-6)

要点:两脚擦地后滑,身体随滑步后移,保持平衡。

图 2-1-5　　　　　　　　　　　图 2-1-6

五、左闪步

动作要领:左脚向左侧横跨一小步,同时右脚蹬地向左擦地跟进,上体保持平衡,成实战姿势,目视前方。(图 2-1-7)

要点:动作迅速,重心平稳。

六、右闪步

动作要领:以左势为例,右脚向右侧横跨一小步,左脚蹬地向右擦地跟进,上体保持平衡成实战姿势,目视前方。(图 2-1-8)

要点:右脚向右侧横跨的同时,身体重心迅速右移。

 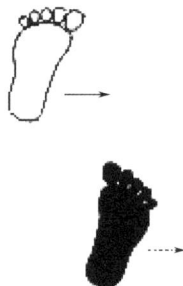

图 2-1-7　　　　　　　　　　　图 2-1-8

七、垫步

动作要领：以左势为例，右脚蹬地，脚掌擦地向前，落脚于左脚内侧，同时左脚抬起向前上步，仍成实战姿势。（图 2-1-9、图 2-1-10）

要点：右脚垫步前移，尽量擦地面向前，右脚向前脚靠拢时要迅疾。

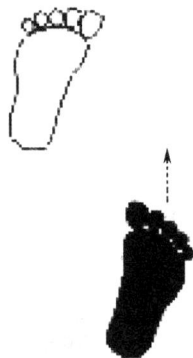 

图 2-1-9　　　　　　　　　　　　　　　图 2-1-10

八、前插步

动作要领：以左势为例，重心移到左脚，同时右脚经左脚后向前插步，两脚成交叉状，随即左脚向前上步，仍成实战姿势（图 2-1-11、图 2-1-12）

要点：插步时身体尽量不要转动，仍侧向对手，两脚变换要快，并及时还原成预备姿势。

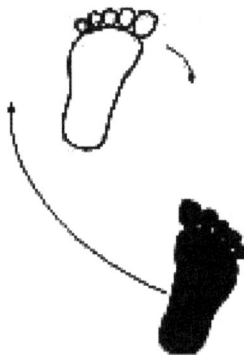 

图 2-1-11　　　　　　　　　　　　　　　图 2-1-12

九、后插步

动作要领：以左势为例，重心移到右脚，同时左脚经右脚后插步，两脚成交叉状，随即右脚向右退步，仍成实战姿势。（图 2-1-13、图 2-1-14）

要点：后撤步时，前脚掌要主动蹬地后撤。

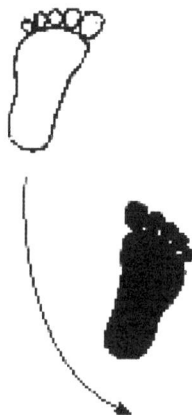

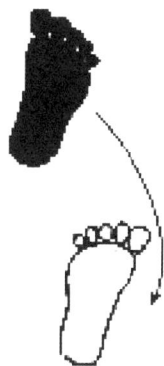

图 2-1-13　　　　　　　　　　图 2-1-14

十、前盖步

动作要领：以左势为例，重心移到左脚，同时右脚经左脚内侧向前盖步，两脚成交叉状，随即左脚向前上步，仍成实战姿势。（图 2-1-15、图 2-1-16）

要点：盖步时脚贴近地面，不可上抬，两脚交换要迅速。

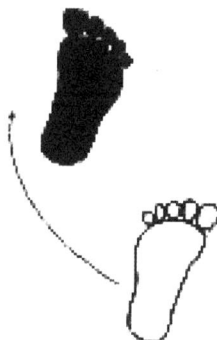

图 2-1-15　　　　　　　　　　图 2-1-16

十一、后盖步

动作要领：以左势为例，重心移到右脚，同时左脚经右脚外侧向后盖步，两脚成交叉状，随即右脚向后退步，仍成实战姿势。（图 2-1-17、图 2-1-18）

要点：与前盖步同。

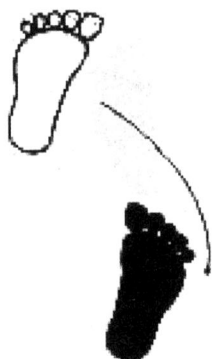
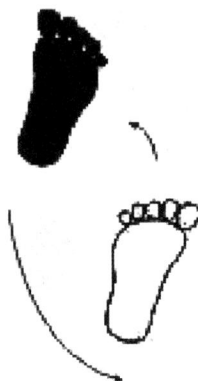

图 2-1-17   图 2-1-18

十二、撤步

动作要领:以左势为例,左脚向后撤步,落脚于右腿左后侧,右脚经左脚前向后撤,落脚于左脚右后侧,仍成实战姿势。(图 2-1-19、图 2-1-20)

要点:后撤步时,前脚掌要主动蹬地后撤。

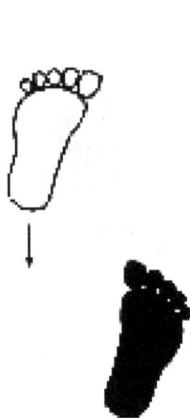

图 2-1-19   图 2-1-20

十三、撤步左闪

动作要领:以左势为例,以左脚掌碾地,上体右转的同时右脚向左后撤步,落步后迅速还原成实战姿势。(图 2-1-21、图 2-1-22)

要点:撤步要快,左闪要快而突然,动作要连贯协调。

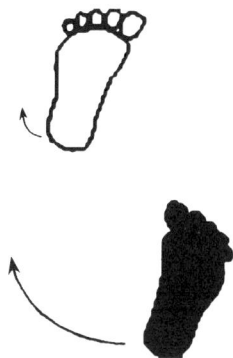

图 2-1-21   图 2-1-22

十四、撤步右闪

动作要领:以左势为例,以右脚掌碾地,右脚跟外展,上体左转的同时,左脚向右后撤步,落步后迅速成左势实战姿势。(图 2-1-23、图 2-1-24)

要点:与撤步左闪相同。

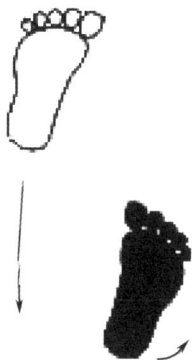
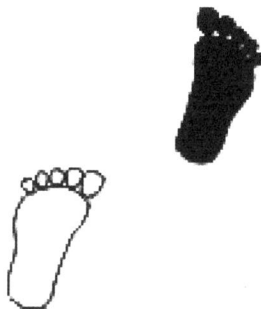

图 2-1-23   图 2-1-24

十五、左环绕步

动作要领:以左势为例,左脚向左斜上方滑步,着地后右脚随即向左斜上方跟一步,如此成弧形连续环绕滑动。(图 2-1-25)

要点:环绕移动时两脚沿地面滑行,移动时上体保持实战姿势,滑行要连贯快速。

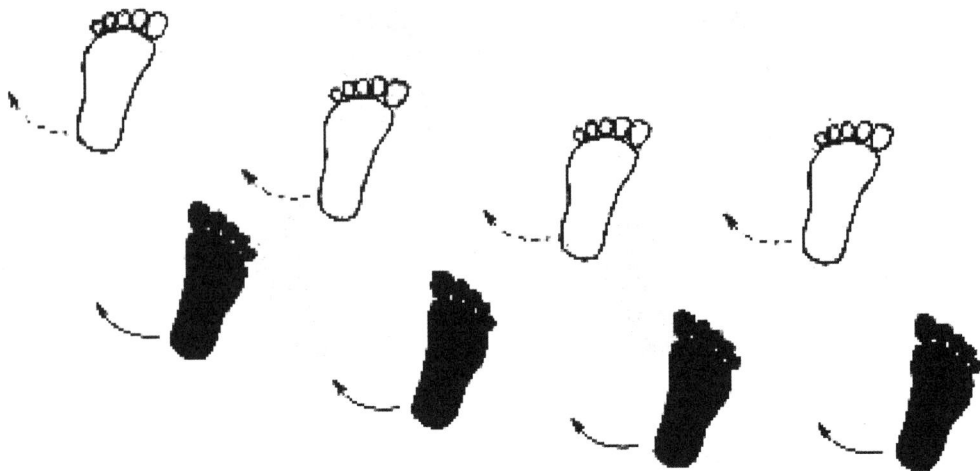

图 2-1-25

十六、右环绕步

动作要领:以左势为例,右脚向右斜上方滑步,着地后左脚随即向右斜上方跟上一步,如此成弧形连续环绕滑动。(图 2-1-26)

要点:与左环绕步相同。

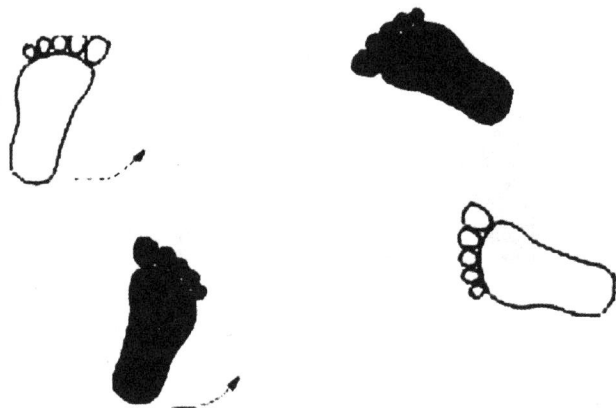

图 2-1-26

十七、换步

动作要领:以左势为例,左脚与右脚同时蹬地并向前后交换,同时两臂也前后交换成右势。(图 2-1-27、图 2-1-28)

要点:左右脚尽量贴地面交换。

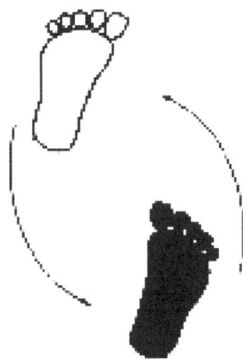

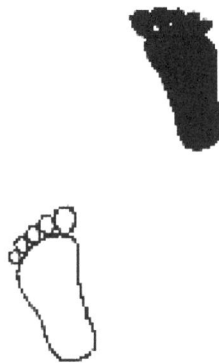

图 2-1-27   图 2-1-28

第三节 拳 法

拳法主要在双方中近距离格斗时使用,拳法运动路线短、隐蔽,击打角度多,安全性、稳定性好,给对手的反应时间短,不易防守。主要击打对手头、胸、腹部。重拳是击倒、击昏对手的主要技法,拳法在格斗技术中占有极其重要的地位。以下主要介绍的拳法有直拳、勾拳、摆拳、鞭拳。

拳型:四指并拢卷屈握紧,拇指紧扣在食指与中指第二指关节上,拳面平,腕挺直。(图2-1-29)

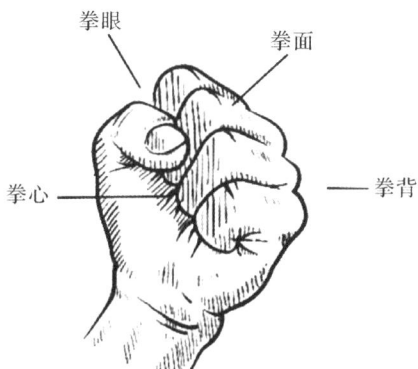

图 2-1-29

一、直拳

直拳是拳法中实用性强、不易防守的一种直线性拳法。以左势为例,左直拳也叫刺拳,可作为拳法、腿法进攻的引拳,右直拳则是重拳,迎击时可产生重创对手的良好效果。

1. 左直拳(以左势为例,以下均同)

动作要领:实战姿势站立,右脚蹬地,重心稍移向左脚;腰向右转、送肩,同时左臂内旋直线向前快速出击,拳心向下,力达拳面。(图 2-1-30、图 2-1-31、图 2-1-32)

图 2-1-30　　　　　　　　图 2-1-31　　　　　　　　图 2-1-32

要点:靠蹬地、拧腰、送肩协调发力;冲拳时上体不可过分前倾;击打到目标的一瞬间要把拳头握紧,有着力点,快打快收,迅速还原成实战姿势。

易犯错误:冲拳时抬肘,导致收拳时下拉,发力时左手后拉,产生预兆。

辅助练习:习练者基本姿势站立,辅助者面对习练者,站在习练者左侧前方,用左手握住其左拳,施加一定的压力,让习练者体会蹬地、转腰的发力。

2.右直拳

动作要领:实战姿势站立,右脚蹬地,脚尖内扣,身体向左转动,拧腰送肩的同时,右拳直线向前击出,有着力点,力达拳面。(图 2-1-33、图 2-1-34、图 2-1-35)

图 2-1-33　　　　　　　　图 2-1-34　　　　　　　　图 2-1-35

要点:靠蹬地、拧腰发力,有着力点;快打快收,迅速还原成实战姿势。

易犯错误:上体过分前倾,重心不稳;打拳先后拉,有预兆。

辅助练习:习练者基本姿势站立,辅助者面对习练者,站在习练者右侧前方,用右手握住其右拳,施加一定的压力,让习练者体会蹬地、转腰的发力。

二、勾拳

勾拳是近距离击打对方的最有效拳法，一般用于贴身近战。若能准确有力地击打到对手的腹部和下巴，就能使对手失去战斗力。

1.左平勾拳

动作要领：实战姿势站立，身体重心移至左脚，左脚蹬地，脚跟外展，腰部突然向右转动，同时左肘关节抬起外张约45°（大小臂夹角约90°），左拳由左向右横线击打，力达拳面。（图2-1-36、图2-1-37、图2-1-38）

要点：肘关节抬起，拳肘肩在同一水平线上；靠蹬地、转腰发力。

易犯错误：身体过分前倾；没有利用腰转，只靠手臂发力；预兆明显，打拳先回拉。

辅助练习：习练者基本姿势站立后，左臂抬起与肩平，辅助者站其左后侧用右手拉住其左臂，让习练者体会左平勾拳蹬地、转腰发力。

图2-1-36　　　　　　　图2-1-37　　　　　　　图2-1-38

2.右平勾拳

动作要领：实战姿势站立，右脚蹬地，脚尖里扣，腰部突然向左转动，同时右手肘关节迅速抬起，外张约45°（大小臂夹角约90°），右拳由右向左横线击打，力达拳面。（图2-1-39、图2-1-40、图2-1-41）

图2-1-39　　　　　　　图2-1-40　　　　　　　图2-1-41

要点:抬肘时拳、肘、肩在同一水平线上;靠脚蹬地、转腰发力,要有着力点。

辅助练习:习练者基本姿势站立后,右臂下沉后引,辅助者站其身后右侧,用手拉住其右臂,让习练者体会左上勾拳蹬地转腰的发力。

3.左上勾拳

动作要领:实战姿势站立,左膝微屈,左臂稍下降,左脚蹬地,挺髋,腰部突然向右拧转,同时左拳从下向前上方勾起,高与鼻齐,拳心朝里,力达拳面。(图2-1-42、图2-1-43、图2-1-44)

图 2-1-42   图 2-1-43   图 2-1-44

要点:利用蹬地、转腰发力,动作要连贯、协调;向上勾拳时,手臂应先微内拉再外旋上勾。

易犯错误:只靠手臂的屈伸打拳;发力时挺腹,上体后仰。

4.右上勾拳

动作要领:实战姿势站立,重心稍沉,右臂稍下降,右脚蹬地,挺髋,腰部突然向左拧转,同时右拳从下向前上方勾起,高与鼻齐,拳心朝里,力达拳面。(图2-1-45、图2-1-46、图2-1-47)

图 2-1-45   图 2-1-46   图 2-1-47

要点:利用蹬地、转腰突然发劲,以增大击打力度;上勾拳时,右臂应先微内旋再外旋上勾。

易犯错误:预兆明显,出拳先后拉;单靠手臂屈伸打拳。

三、摆拳

摆拳是侧面攻击对手的拳法,它的特点是力量大,特别是后手摆拳,能充分利用右脚蹬地、转腰的力量,是很有杀伤力的重拳,但与直拳相比较,动作幅度较大,动作路线较长,相对易防守,击空时不易控制身体重心。

1.左摆拳

动作要领:实战姿势站立,重心移至左脚,左脚蹬地,碾地,腰部突然向右拧转,同时左臂抬起(上臂与小臂夹角约 145°)并稍向外张,左拳向右横向击打,拳心向下,力达拳面。(图 2-1-48、图 2-1-49、图 2-1-50)

图 2-1-48　　　　　　　图 2-1-49　　　　　　　图 2-1-50

要点:利用蹬地、碾地转腰发力;转腰要绕纵轴转动,拳击至人体正中线,迅速还原成实战姿势。

易犯错误:只靠小臂打拳,摆拳幅度太大,出拳先后拉,预兆明显。

2.右摆拳

动作要领:实战姿势站立,右脚蹬地,脚尖里扣,腰部突然向左拧转;同时右臂抬起并稍向外张,右拳向左横线击打,拳心向下,力达拳面。(图 2-1-51、图 2-1-52、图 2-1-53)

图 2-1-51　　　　　　　图 2-1-52　　　　　　　图 2-1-53

要点:蹬地、转腰要充分;动作要协调,劲力要顺达;肘要抬起,使肩、肘、拳成水平。

易犯错误:摆拳幅度过大,预兆较明显。

四、鞭拳

鞭拳是横向型进攻动作之一,一般结合转体利用惯性完成击打动作。它的特点是动作幅度大,运动线路长,力量大。若使用得好,可起到隐蔽、突然,让对手防不胜防的效果。鞭拳一般以后手为多,并结合转体。下面我们主要介绍转身右鞭拳。(图 2-1-54、图 2-1-55、图 2-1-56、图 2-1-57)

图 2-1-54

图 2-1-55

图 2-1-56

图 2-1-57

动作要领:实战姿势站立,以左脚为轴,右脚经左脚后插步,同时左拳回收至胸前,身体向右转体 180°,同时以右拳向右侧横线鞭打,拳与肩平,拳眼朝上,力达拳背。

要点:转体要迅速,以腰带臂,利用前臂鞭打横甩;动作连贯、协调,重心要稳。

易犯错误:转体动作不连贯、有停顿,前臂没有外甩,形成直臂轮打。

第四节 腿 法

腿法是两方中远距离格斗中使用的主要技法。腿法与拳法相比,有以下特点:击打距离远、力量较大、更为隐蔽、攻击范围广。因此,腿法在实战中使用率最高,效果最明显。"手是两扇门,全凭脚打人""拳打三分脚打七"等武术谚语道出了腿法在格斗中的重要作用。腿法主要有边、蹬、踹、踩、扫摆、勾踢、扫堂等几种。

一、边腿

边腿,是横向弧形腿法的统称,它包括横摆腿和侧弹腿。两种动作大同小异,横摆腿以直腿横摆打腿,预兆较大;而侧弹腿则靠合髋伸膝弹击的方法,动作灵活多变,较为隐蔽,且攻击面大,是较为常用的腿法之一。下面以侧弹腿为例。

1.左边腿

动作要领:实战姿势站立,上体稍向右转,重心移至右脚,右膝微屈,左腿屈膝上抬,左膝内扣,左小腿略外翻,右脚尖外展,脚掌碾地,同时利用转腰伸膝使左小腿由左向右向前弧形弹踢,脚尖绷直,力达脚背或小腿胫骨下端。(图 2-1-58、图 2-1-59、图 2-1-60)

图 2-1-58   图 2-1-59   图 2-1-60

要点:利用蹬地、提膝、拧腰、转髋和支撑脚碾地猛然发力;弹击腿膝盖内扣,脚背绷紧;踢腿的高度主要取决于提膝的高度。

易犯错误:踢腿形成向上撩摆;脚背放松,没绷紧;踢高腿时上体过分后仰。

2.右边腿

动作要领:实战姿势站立,上体左转,重心移至左脚,左脚前脚掌碾地,右腿屈膝上抬并内扣,右小腿略外翻,左脚尖外展,利用转腰转髋伸膝使右小腿由右向左向前弧形弹踢。脚尖绷直,力达脚背。(图 2-1-61、图 2-1-62、图 2-1-63)

图 2-1-61   图 2-1-63   图 2-1-63

要点:转体要快,借拧腰切胯发力,快踢快收。

易犯错误:与左边腿略同。

二、蹬腿

蹬腿是用于正面直线性进攻的屈伸性腿法。该腿法力量大,攻击力强,既可用于攻击对手亦可用于阻截对手的进攻,是常用的基本腿法。

1. 左蹬腿

动作要领:实战姿势站立,身体重心移至右腿,右腿微屈,左腿提膝上抬,脚尖勾起,随即左腿伸膝,以脚跟领先向前方蹬出,力达脚跟;也可送髋挺踝脚掌下压,力达前脚掌。(图2-1-64、图2-1-65、图2-1-66)

要点:提膝要达腰,先提膝后蹬腿,动作要连贯快速。

易犯错误:提膝太低,形成撩腿,蹬出后没有回收,导致直腿落地。

辅助练习:习练者提右膝于胸前,辅助者用双手握住其右脚掌并施加其向前蹬的阻力,让习练者体会向前蹬时大腿的用力,预防向前蹬时大腿不用力,只有小腿用力。

图 2-1-64　　　　　图 2-1-65　　　　　图 2-1-66

2. 右蹬腿

动作要领:实战姿势站立,身体重心前移至左脚,左脚尖稍外展,身体稍左转,左膝微屈,右腿提膝上抬,脚尖勾起,随即右腿伸膝,以脚跟领先向前方蹬出,力达脚跟;也可送髋挺踝,脚掌下压,力达前脚掌。(图2-1-67、2-1-68、2-1-69)

图 2-1-67　　　　　图 2-1-68　　　　　图 2-1-69

要点：左脚迅速碾地；蹬击时要有爆发力，快踢快收。

易犯错误：与左蹬腿略同。

辅助练习：习练者提右膝于胸前，辅助者用双手握住其右脚掌并施加其向前蹬的阻力，让习练者体会向前蹬时大腿的用力，预防向前蹬时大腿不用力，只有小腿用力。

三、侧踹腿

侧踹腿是直线进攻的屈伸性腿法，攻击距离远，攻击性强，攻击面大；使用时变化较多，是阻击对手进攻的主要腿法。

1. 左侧踹腿

动作要领：实战姿势站立，身体重心移到右脚，左腿屈膝上提至胸前，随即翻髋转髋，小腿与大腿呈水平状，脚尖勾起，脚掌正对攻击目标，右脚跟内收，前脚掌碾地，上体略向右侧倾的同时左腿展髋伸膝向前踹出，力达整个脚掌。（图 2-1-70、图 2-1-71、图 2-1-72）

图 2-1-70　　　　　　　　图 2-1-71　　　　　　　　图 2-1-72

要点：利用蹬地、展髋、伸膝发力，上体和下肢要成一条直线；踹腿的高度取决于提膝和上体的倾斜度；踹出后应迅速回收。

易犯错误：收腹、屈髋、撅臀，只靠大小腿的屈伸发力。

辅助练习：习练者靠墙提膝翻髋，转髋屈膝于胸前，大腿与小腿靠墙呈水平状，体会大腿向前踹出的发力。如习练者还不能正确使用大腿发力、辅助者可用两手握住其左脚掌并施加一定阻力，让其体会大腿向前踹的发力。

2. 右侧踹腿

动作要领：实战姿势站立，身体重心移至左脚，左脚尖外展，身体左转，同时右腿屈膝上提至胸前，小腿外翻，高与大腿平，脚尖勾起，脚掌正对攻击目标，上体略向左倾的同时右腿展髋伸膝，向前踹出，力达整个脚掌。（图 2-1-73、图 2-1-74、图 2-1-75）

要点：身体左转的同时屈膝上提，踹击时要有爆发力，且快踢快收。

易犯错误：与左踹腿同。

图 2-1-73   图 2-1-74   图 2-1-75

四、踩腿

踩腿是近距离正面攻击对手的屈伸性腿法,既能进攻,亦可防守。进攻时,可攻击对手的小腿胫骨面或膝部;防守时,可用于阻截破坏对手各种腿法的进攻。踩腿一般攻击膝关节以下部位,分为前后踩腿,前踩腿应用较少。下面我们主要介绍后踩腿。

动作要领:实战姿势开始,上体左转,身体重心移至左脚,左膝微屈,右腿屈膝上抬,脚尖勾起并外翻,脚内侧朝前,随即右腿伸膝,向前下方踩去,力达全脚掌。(图 2-1-76)

要点:右腿要外旋,踝关节要紧张,踩击短促有力。

易犯错误:踝关节太放松,脚没外翻,直腿往前摆。

五、转身扫摆腿

扫摆腿是横向型进攻的腿法,加上转身的惯性,攻击力量更大。特别是突然改变进攻路线,能产生让对手防不胜防的效果,但技术复杂,难度大,不易掌握。

1.右转身扫摆腿

动作要领:实战姿势站立,重心移至左脚,以左脚前脚掌为旋转支撑点,上体向右后转体360°,转体的同时,上体左侧倾,右腿展髋伸膝由后向前横扫摆,脚尖绷直,力达脚掌。(图 2-1-77)

要点:转体时以头领先,动作要快而突然。

易犯错误:低头,收腹屈髋,扫摆不到位。

2.左转身扫摆腿

动作要领:实战姿势站立,右脚向左脚前方上步,脚内扣并微屈,重心移到右腿上,同时向左后方转体360°,旋转的支撑点落在右脚的前脚掌上,并使上体稍向右倾斜,左腿展髋伸膝经左后向前横扫摆,脚尖绷直,力达脚掌。(图 2-1-78)

要点:转体时要有意识地以头领先,眼睛盯住攻击目标。

易犯错误:与右转身扫摆腿同。

图 2-1-76　　　　　　　图 2-1-77　　　　　　　图 2-1-78

六、勾踢腿

勾踢腿是弧线进攻腿法,主要是用踝关节前部攻击对手的脚后跟,使对手失去身体重心而倒地。它的特点是动作隐蔽、突然,速度快,力量大。勾踢腿一般多采用后腿进攻对手,下面以右勾踢腿为例。(图 2-1-79)

动作要领:实战姿势站立,身体重心移至左脚,左腿微屈,膝稍外展,身体左转的同时,收腹合胯,右腿伸直由右经前向左弧形擦地勾踢,脚尖内扣上勾,力达脚内侧。

要点:动作不要预摆,力点准确,勾踢突然,脆快有力。

易犯错误:先预摆,再勾踢,脚踝太放松。

七、扫堂腿

扫堂腿简称扫腿,分为前扫和后扫。它是用踝关节前部和

图 2-1-79

脚后跟,利用身体转动,从两侧扫击对手下肢,使其失去身体重心而跌倒。它的特点是动作隐蔽突然,力量大,速度快,但是技术性较高,难掌握。如果在基本技术和时机掌握达到熟练程度以后,使用扫腿可收到良好的效果。

1.前扫腿

动作要领:实战姿势站立,身体重心移至左脚,左脚尖外展,屈膝全蹲,右腿伸直,脚掌内扣,全脚掌着地同时以左脚掌为轴,利用腰向左转带动右腿向前,向左扫转一周,力达脚内侧近踝处,目视右腿。(图 2-1-80)

要点:利用腰转发力;时机要适当,力点要准确;扫完迅速还原成实战姿势。

易犯错误:扫转时腿弯屈,脚掌离地;重心不稳,扫腿无力。

2.后扫腿

动作要领:实战姿势站立,身体重心移至左脚,脚尖内扣,屈膝全蹲,全脚掌着地,右腿伸直,同时双手扶地,以左脚掌为轴,利用腰转带动右腿直腿向右后扫转一周,力达脚后跟至小

腿下端后面。(图 2-1-81)

 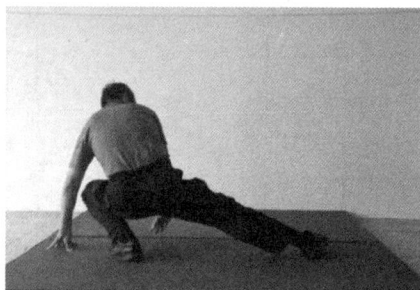

图 2-1-80   图 2-1-81

要点:伏身与转体要连贯快速,扫腿时左脚掌要贴地,扫完迅速还原成实战姿势。

易犯错误:后扫腿时腿弯屈,扫转无力,动作不连贯。

第五节　摔　法

摔法是指在格斗中用于破坏对方重心,并将其摔倒在地的技法。在格斗中摔倒对手,可使对手处于不利、被动的状况,甚至被摔伤倒地不起,是战胜对手取得胜利的重要手段。

使用摔法技术时,一定要讲求快速干脆,快速摔倒对手。摔法的使用也是根据实战情况的不同而变化。如有主动进攻的摔法,有被动反攻的摔法;有中远距离踢打接抱上下肢的摔法,又有近距离抱躯干贴身的摔法等。总的要求是因地制宜、灵活多变、寻找战机、快摔对手。下面介绍一些常用的摔法。

一、抱单腿转压摔

动作要领:实战姿势站立,对手上步以直拳进攻我。我下蹲避开来拳,并抱住对手的左腿,左肩抵住对手左腿胯部,随即两手将其左腿抱起经裆部向后拉,同时身体顺时针转动,左肩向下转压使对手摔倒。(图 2-1-82、图 2-1-83)

要点:两手后拉要使对手膝部伸直;左肩要顶住对手胯部;压肩转体和拉腿要协调一致。

易犯错误:没有向后上拉腿,并使对手膝部伸直;压肩和拉腿没有协调一致,摔不倒对手。

图 2-1-82   图 2-1-83

二、抱单腿腿别

动作要领:实战姿势站立,对手以左边腿踢我,我将其左腿抄抱住,紧贴胸腹前,左脚迅速插上别对手支撑脚的同时上体右转,使其失去重心倒地。(图 2-1-84、图 2-1-85、图 2-1-86、图 2-1-87)

要点:抱腿快速、准确,别腿、压腿上体右转要连贯协调。

易犯错误:抱不住腿,上体没右转,抱住腿没紧贴胸腹前,摔不倒对手。

图 2-1-84

图 2-1-85

图 2-1-86

图 2-1-87

三、单腿手别

动作要领:实战姿势站立,对手以左蹬腿踢我肋部,我抄抱其左小腿,并以右手抱住,向前下方弯腰,左手臂从对手裆下穿过,用手向里别其膝窝的同时,右手抱对手左小腿向右转体,胸部下压,使其摔倒。(图 2-1-88、图 2-1-89、图 2-1-90、图 2-1-91、图 2-1-92)

要点:抱腿要准,手别、转体、胸压要协调一致。

易犯错误:抱腿不紧,动作不协调,别不倒对手。

图 2-1-88

图 2-1-89

图 2-1-90   图 2-1-91

四、抱单腿打腿

动作要领:实战姿势站立,对手用摆拳进攻,我下潜躲闪并靠近对手,将其左腿抱起,左腿向前摆至对手右小腿处,上体右转的同时,以左小腿向后扫打对手右小腿,使其腾空倒地。(图 2-1-92、图 2-1-93、图 2-1-94、图 2-1-95)

要点:抱腿要准、快速,前摆、后打腿协调、连贯、有力。

易犯错误:抱不住腿,前摆后打腿不连贯,摔不倒对手。

图 2-1-92   图 2-1-93

图 2-1-94   图 2-1-95

五、抱单腿扛摔

动作要领:实战姿势站立,双方对峙。我突然上步下蹲,以左手由内向外抱住对手左大腿上部,右手环绕抱住其膝窝,随即两脚蹬地,上体直起,挺胸、抬头,同时两手将对手向上扛起并向后摔出。(图 2-1-96、图 2-1-97、图 2-1-98、图 2-1-99)

要点:上步要快,抱腿要准,扛起后摔要协调、连贯、有力。

易犯错误:抱腿部位太低,抱不起对手,扛起后摔不协调。

图 2-1-96

图 2-1-97

图 2-1-98

图 2-1-99

六、抱双腿前顶

动作要领:实战姿势站立,双方对峙。我突然上步,两手抱住对手双腿膝窝,两手用力后拉的同时,用肩部前顶对手大腿或腹部,使其摔倒。(图 2-1-100、图 2-1-101、图 2-1-102、图 2-1-103)

要点:上步快速突然,抱腿准、紧,前顶后拉协调有力。

易犯错误:抱腿过高,前顶后拉发力不协调,摔不倒对手。

图 2-1-100

图 2-1-101

图 2-1-102

图 2-1-103

七、抱双腿侧摔

动作要领:实战姿势站立,对手以拳法进攻我头部,我下蹲躲闪并靠近对手,两手抱住对手双腿膝窝,蹬地、挺身将对手向上向右(或左)抱起后,再往下摔。(图 2-1-104、图 2-1-105)

图 2-1-104　　　　　　　　　　图 2-1-105

要点:抱腿要快、准,抱起与侧摔要连贯迅速。

易犯错误:抱腿部位不准,抱起后没有马上往侧向摔。

八、抱双腿扛摔

动作要领:实战姿势站立,对手以左直拳猛攻我头部,我下蹲躲闪并上步靠近对手,两手抱住对手双腿膝窝,随即蹬腿,挺身抱起对手从肩上向后将对手摔倒。(图 2-1-106、图 2-1-107)

图 2-1-106　　　　　　　　　　图 2-1-107

要点:下蹲上步要快,抱腿准,蹬地、挺身、扛起后摔要一气呵成。

易犯错误:抱的部位不准,抱起与向后扛摔脱节。

九、接腿摇涮

动作要领:实战姿势站立,对手以左边腿攻我,我迅速用两手接住其左脚,两腿屈膝,左脚后退一步,同时两手向后向下拉对手左腿,随即向上、向左上方提拉成弧形摇荡,摔倒对手。(图 2-1-108、图 2-1-109、图 2-1-110、图 2-1-111)

要点:接脚要准、牢,向后向下拉和弧形摇荡要连贯有力。

易犯错误:没有先向后向下拉再突然向上提拉摇荡,摔不倒对手。

图 2-1-108

图 2-1-109

图 2-1-110

图 2-1-111

十、抱脚上抬勾踢摔

动作要领:实战姿势站立,对手用左边腿踢我胸腹部,我两手迅速摔抱对手左小腿处,右手扣拿其小腿并迅速上抬,同时右脚勾踢其支撑腿,形成合力,使其向后失去重心,摔倒对手。(图 2-1-112、图 2-1-113、图 2-1-114、图 2-1-115)

图 2-1-112

图 2-1-113

图 2-1-114

图 2-1-115

要点:接抱脚要准,向上托抬要有力连贯一致,勾踢对手支撑脚使其离地,勾踢与托抬产生合力。

易犯错误:接抱脚不准,托抬与勾踢没有形成合力,勾踢不到位,未导致对手失去重心,支撑脚离地。

十一、抹脖拌摔

动作要领:实战姿势站立,对手以右边腿攻击我大腿,我左手搂抱住其右小腿,右手由对手右肩上穿过反手扣其颈部并向下、向右转压,同时左手上提其右脚,我右脚脚弓绊扫对手支撑腿踝关节处,使其摔倒。(图 2-1-116、图 2-1-117、图 2-1-118、图 2-1-119)

要点:左手抱脚上抬和右手扣其颈部向右转压同时发力,形成合力。

易犯错误:接腿不准,控制不住腿,压颈、勾踢脱节、不协调。

图 2-1-116

图 2-1-117

图 2-1-118

图 2-1-119

十二、过背摔

动作要领:实战姿势站立,双方缠抱时,我主动以右臂由对方右肩上穿过,屈臂夹住其颈部,或从对方左腋下抱住腰背处,同时右脚上步,身体左转,臀部紧贴对手小腹,随即两腿蹬伸,向下弓腰,低头将对手背起后摔倒。(图 2-1-120、图 2-1-121、图 2-1-122、图 2-1-123)

图 2-1-120

图 2-1-121

图 2-1-122   图 2-1-123

要点：夹颈要准确牢固；上步转身要快；臀部要紧贴对手；低头弓腰蹬腿要协调连贯，发力脆猛。

易犯错误：臀部未紧贴对手，低头弓腰不充分，而是转身发力导致摔不倒对手。

十三、抹脖扫腿摔

动作要领：实战姿势站立，对手以右边腿攻击我大腿，我左手搂抱住其右小腿，右腿迅速向右前方迈出一大步，右手经对手左肩上握扣其颈部向左用力，同时我左脚脚弓横扫其支撑腿踝关节处，右手、左脚发力的同时，身体用力迅速左转，使其失去重心摔倒。（图 2-1-124、图 2-1-125、图 2-1-126、2-1-127）

图 2-1-124   图 2-1-125

图 2-1-126   图 2-1-127

要点：右脚向右前迈出一大步的同时，左脚向右扫腿与右手向左抹脖形成剪切力。

易犯错误：左脚与右手的横向发力未形成剪切力，身体未能配合手脚发力的同时左转。

十四、右别脚切摔

动作要领：实战姿势站立，双方缠抱时，我突然以右臂穿过对手左肩并夹紧其颈部，右脚插进对手右脚后，随即上体向左转，右手向左前方推切的同时，右脚向右别，切其右脚后跟

处,使对手摔倒。(图 2-1-128、2-1-129、2-1-130、2-1-131)

要点:夹对手颈部要紧,推切和后别要协调,形成有效剪切。

易犯错误:夹不紧颈部,推切和别腿脱节,未能形成有效剪切,摔不倒对手。

图 2-1-128

图 2-1-129

图 2-1-130

图 2-1-131

十五、左别脚切摔

动作要领:实战姿势站立,我突然以左臂穿过对手右肩,并搂扣其颈部,左脚迅速插上并横扫其左脚脚后跟处,同时左手用力向右推切,使对手摔倒。(图 2-1-132、图 2-1-133、图 2-1-134)

要点:同右别脚切摔。

易犯错误:同右别脚切摔。

图 2-1-132

图 2-1-133

图 2-1-134

十六、抹脖抄腿

动作要领:实战姿势站立,对手上步下蹲欲抱腿摔我,我迅速屈髋坐腰,重心下降,左手压其后颈部,右手捞提对手左腿膝窝,左手用力下压的同时,右手上提使对手向我左侧滚翻倒地。(图 2-1-135、图 2-1-136、图 2-1-137、图 2-1-138)

要点:下蹲要及时,先防住对手摔法进攻,下压和上提要协调一致,发力要猛。

图 2-1-135

图 2-1-136

图 2-1-137

图 2-1-138

易犯错误:下压和上提脱节,动作不一致,未形成合力。

十七、勾腿前压

动作要领:实战姿势站立,双方相互搂抱,我右手迅速抄抱对手左脚膝窝处,并向后拉,右腿抬起,小腿由前向后猛勾对手左小腿,同时上体前压其胸,使对手向后倒地。(图 2-1-139、图 2-1-140、图 2-1-141、图 2-1-142)

要点:动作要突然,拉腰、勾腿、前压胸要协调一致。

易犯错误:动作不协调,摔不倒对手。

图 2-1-139

图 2-1-140

图 2-1-141

图 2-1-142

第六节　掌　法

掌法是格斗中运用人体手掌部位攻击对手的一种技法。主要击打颈部等要害部位,击打时,受力面小,压强大,杀伤力大。攻击时隐蔽巧妙,特别是在近身格斗防守反击中更能发挥灵活多变的优势。

掌型介绍:掌型分为掌心、掌根、掌背、掌指、掌外沿等。(图2-1-143)

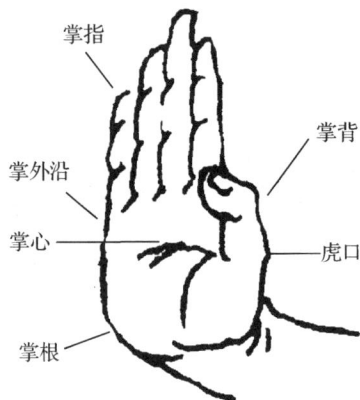

图 2-1-143

一、推掌

掌心向前方,直线击打对方的一种掌法。在实战中用于攻防,尤其是以守为攻的有效技法之一。它分单推掌和双推掌两种技法,单推掌又分为左右推掌。

1.左单推掌

动作要领:实战姿势站立,身体稍右转,双目盯住对方;左手掌、指向上立起,肘关节由屈到伸;掌直线猛力向前推击,力达掌根。(图2-1-144)

主要用于击打对方面部、胸部,迫其身体失去重心。

2.右单推掌

动作要领:与左单推掌要领相同,唯方向相反。(图2-1-145)

图 2-1-144

图 2-1-145

3.双推掌

动作要领:实战姿势站立,两臂屈肘内旋,两手成掌并靠近,掌心向前;向前上步,同时伸肘推手,上步、伸肘、推掌连贯一致,发力完整,力达掌根,目视对方。(图 2-1-146)

多用于击对方胸部,使其身体失去重心;或者在对方贴近我时,利用其为支点,运用推掌拉开间距。

图 2-1-146

二、砍掌

又称劈掌,是掌向侧方或斜侧方击打对方的一种技法。砍掌发劲后力量较大,往往一掌击中要害。砍掌分为斜上砍掌和平砍掌,二者又都分为左斜上砍掌、右斜上砍掌,左平砍掌、右平砍掌。

1.右斜上砍掌

动作要领:实战姿势站立,身体左转,右脚稍内扣,右脚掌蹬地,脚跟提起;右掌由右斜上方向左斜下方砍击,同时右肩前顺,掌心向左斜上方,力达掌外沿,目视对手。(图 2-1-147)

主要用于击打对方头颈和肋等部位。

2.左斜上砍掌

动作要领:与右斜上砍掌要领相同,唯方向相反。(图 2-1-148)

图 2-1-147

图 2-1-148

3.右平砍掌

动作要领:实战姿势站立,对手右摆拳攻我,我向左侧扭身,同时左手挡抓后拉,身体左转蓄势,右掌收于左腋下方;左脚蹬地,向右转身,右掌平掌向敌右肋猛力砍击;力达掌外沿,目视对手。(图 2-1-149)

主要用于击打对方颈部或肋部。

4.左平砍掌

动作要领:与右平砍掌要领相同,唯方向相反。(图 2-1-150)

图 2-1-149

图 2-1-150

三、劈掌

劈掌立掌快,发劲大,运用自如,可以向外、向内、向下劈打。劈掌要领是:大拇指弯屈内扣,其余四指充分伸平,利用掌外沿劈击对方。

根据出掌路线,劈掌分为:向外劈掌、向内劈掌和向下劈掌。

1. 向外劈掌

动作要领:实战姿势站立,右脚向侧前方上一步,右掌置于左耳侧;右掌由上向斜下方劈击对手的颈部,目视对手。(图 2-1-151)

2. 向内劈掌

动作要领:实战姿势站立,右脚向前上一步,右掌置于右耳外侧;左脚蹬地,身体向左转动,同时右大臂带动小臂从外侧向内用力抡动,肘关节伸展,右掌左斜下劈击对手颈部,左手握拳上抬护住头部,目视对手。(图 2-1-152)

图 2-1-151

主要用于击打对方颈部。

3. 向下劈掌

动作要领:与向外、向内劈掌动作要领相同,唯掌由头顶向下劈击。(图 2-1-153)

图 2-1-152

图 2-1-153

四、撩掌

掌由下向前、向上击打对方阴部的一种技法,亦称撩阴掌。撩掌通常与上托防守同时进行,分为左、右撩掌。

1. 左撩掌

动作要领:实战姿势站立,左脚向前上步,右肘内收,右掌上托防守,掌心向内;身体稍向右转,前俯身,腰右拧;左手拇指屈指,紧贴虎口,掌心向右斜上方,左掌由左下向前、向上,直臂撩出,着力点在掌根。(图 2-1-154)

2. 右撩掌

动作要领:与左撩掌要领相同,唯方向相反。(图 2-1-155)

图 2-1-154　　　　　　　　　　　　图 2-1-155

五、插掌

以掌、指发力穿击对方要害部位的一种技法,也称穿心掌。分为左、右插掌。

1.左插掌

动作要领:实战姿势站立,右臂格挡对手左摆拳;向右拧胯,向前顺肩,左脚微向左碾地,脚跟提起,此时左掌平掌向左前方猛力穿击,力达指尖。(图 2-1-156)

主要用于击打对方的颈部和腹部。

2.右插掌

动作要领:与左插掌的要领相同,唯方向相反。(图 2-1-157)

图 2-1-156　　　　　　　　　　　　图 2-1-157

六、挑掌

由下向上攻击对方裆、腹部的技法,也称挑打,是一种暗手技法。分为左、右挑掌。

1.右挑掌

动作要领:实战姿势站立,左臂格挡对手右摆拳;右脚蹬地转腰,右掌由下向前上方猛力挑击,掌心朝左上方;以腰发力,力达腕根和虎口。(图 2-1-158)

2.左挑掌

动作要领:与右挑掌要领相同,唯方向相反。(图 2-1-159)

图 2-1-158　　　　　　　　　　　　图 2-1-159

第七节　肘　法

谚语云:"宁挨十手,不换一肘"。这说明肘法是格斗技法中杀伤性强、威力巨大的招法。肘法是泰拳中的杀手绝招,素以凶狠、辛辣、刁毒著称,是近身战中最犀利的杀伤性招法。肘分为:肘尖、肘前和肘后。大小臂曲屈夹紧,使肘部突起,形成攻击的力面。肘尖的鹰嘴骨是人体最坚硬的骨头,利用肘尖、肘前、肘后攻击,威力很大,所以肘是贴身近战的犀利武器。肘的招式隐而快速,短而劲狠,变化莫测,攻防自如。在格斗中,善用肘法,往往能收到一肘制敌的奇效。

一、顶肘

借助身体冲力,以身体发力,力达肘尖,施以技击的一种招法。此法运用灵活,可以向上、中、下三个层次攻击敌方。分为:左、右前上顶肘,左、右前平顶肘,左、右前下顶肘,左、右后上顶肘,左、右后平顶肘和左、右下顶肘。

1.左前上顶肘

动作要领:实战姿势站立,左小臂内旋平屈,肘尖向前;右掌心顶住左拳面,左脚向前上半步;右脚紧跟,脚跟提起;左肘借身体冲力,肘尖向前上方猛顶,右掌猛推左拳,肩高抬;目视肘击方向。(图2-1-160)

常用于攻击对方下颌部。

2.右前上顶肘

动作要领:与左前上顶肘要领相同,唯方向相反。(图2-1-161)

图 2-1-160　　　　　　　　　　图 2-1-161

3.左前平顶肘

动作要领:实战姿势站立,左小臂内旋平屈,向右转体,肘尖向前;左脚突然向前上步,右脚紧跟,脚跟提起,同时左肘猛向前平顶出击;右掌心顶住左拳向前推;目视肘击方向;顶肘时,肘与肩齐平。(图2-1-162)

常用于攻击对方胸、腹部。

4.右前平顶肘

动作要领:与左前平顶肘要领相同,唯方向相反。(图2-1-163)

5.左后上顶肘

动作要领:实战姿势站立,左小臂内旋,左拳眼对胸,肘尖向左,猛左转体,并回头;右掌

图 2-1-162　　　　　　　　　　　　图 2-1-163

心顶住左拳,左脚向后撤步,左肩高抬;此时,左肘向后斜上方猛顶,右掌随之向后猛推左拳,力达肘尖;目视肘击方向。(图 2-1-164)

常用于攻击对方颌或面部。

6.右后上顶肘

动作要领:与左后上顶肘要领相同,唯方向相反。(图 2-1-165)

图 2-1-164　　　　　　　　　　　　图 2-1-165

7.左后平顶肘

动作要领:实战姿势站立,左臂内旋平屈,肘尖向后下方,左腿快速向后撤步,同时向后猛转体 180°,并回头;右掌随之用力推左掌向后,左肘借后撤力向后平顶。

常用于攻击对方胸、腹部位。(图 2-1-166)

8.右后平顶肘

动作要领:与左后平顶肘要领相同,唯方向相反。(图 2-1-167)

图 2-1-166　　　　　　　　　　　　图 2-1-167

二、挑肘

以肘尖和小臂前后端的冲撞之力挑打对方的招法,也称挑撞肘和上冲肘。分为左、右前挑肘和左、右后挑肘。

1.左前挑肘

动作要领:实战姿势站立,左小臂向上抬起,并屈肘内收,肘尖向前;左脚上步;右脚蹬地,脚跟提起,上体随之向前跟进,肩关节高提;左肘尖和小臂前端向斜上方猛挑;右拳置于胸前,目视前方。(图 2-1-168)

主要攻击对方下颌部。

2.右前挑肘

动作要领:与左前挑肘要领相同,唯方向相反。(图 2-1-169)

图 2-1-168 　　　　　　　　　　 图 2-1-169

3.左后挑肘

动作要领:实战姿势站立,左脚蹬地,拧胯送腰,向右向后转体;左小臂屈肘,肘尖向下,左肩稍向下沉,向后转身的同时肘尖向斜上方猛力挑击;力达肘尖。(图 2-1-170)

主要攻击对方下颌部。

4.右后挑肘

动作要领:与左后挑肘要领相同,唯方向相反。(图 2-1-171)

图 2-1-170 　　　　　　　　　　 图 2-1-171

三、砸肘

也称柱杖肘。它以腰、肩部发力,由肘施以砸击的动作。由于以腰、肩和肘合并发力,其威力大,是攻防搏击中常运用的技法。分为:左、右前下砸肘和左、右后下砸肘。

1.左前下砸肘

动作要领:实战姿势站立,左脚上步,左臂屈肘,向上内收,拳面向上,肩下沉,以腰、肩部发力的同时,左肘从左向前方,由上向下猛砸;右掌用力按压左拳,力达肘尖;目视左肘。(图 2-1-172)

用于攻击对方头部。

2. 右前下砸肘

动作要领：与左前下砸肘要领相同，唯方向相反。（图 2-1-173）

图 2-1-172　　　　　　　　　　　图 2-1-173

3. 左后下砸肘

动作要领：实战姿势站立，以两脚为轴，左后转体成交叉步；右脚掌蹬地，向右碾转，左后转体，拧腰沉肩、沉胯，以腰、肩部发力的同时，左臂快速屈肘，由左向后、向上、向下猛砸；右掌按压左拳，力达肘尖；目视左肘。（图 2-1-174）

用于攻击对方头部。

4. 右后下砸肘

动作要领：与左后下砸肘要领相同，唯方向相反。（图 2-1-175）

图 2-1-174　　　　　　　　　　　图 2-1-175

四、沉肘

以肘尖为力点，砸击位于自己身体下方的对方的一种招法。由于肘尖从上向下砸击，攻击力强，是攻防格斗中有效的技法。

动作要领：实战姿势站立，右臂屈肘小于 90°，大臂高抬，右拳上举至头部右侧，拳顶向上；上体前俯，右肩下沉，同时用右肘尖向下猛力砸击，力达肘尖；目视下方。（图 2-1-176）

图 2-1-176

主要用于攻击自己身体下方的对手。

五、横肘

借拧腰之力，立肘施以左右横扫的一种技法。此技法，在格斗中应用广泛，打击力大，往往一肘击中敌要害部位，还可作为格挡敌拳、腿之用。分为：左横肘和右横肘。

1.左横肘

动作要领:实战姿势站立,左臂平抬肘,小臂内旋,拳心向下,肩关节微张;左脚原地不动(也可稍向前),然后突然蹬地、拧腰、含胸,肘向前猛力横击,力达肘尖前部;目视击打目标。(图 2-1-177)

2.右横肘

与左横肘技法要领相同,唯方向相反,在击肘右脚跟进时,稍左转体,蹬地助力。(图 2-1-178)

图 2-1-177   图 2-1-178

第八节　肩法

肩法,是在格斗中以肩部撞击敌方、近身作战的技法,多用于防守搏击中。主要有撞肩、靠肩等技法。

一、撞肩

分为:右撞肩和左撞肩。

1.右撞肩

动作要领:实战姿势站立,上体后仰,微向右转体,右肩背紧缩,借上体后移之势,猛向后撞击,力达肩后外侧;屈右肘,收于右侧,左手置于右颈前;头右转,双目后视。(图 2-1-179)

2.左撞肩

动作要领:与右撞肩要领相同,唯方向相反。(图 2-1-180)

图 2-1-179   图 2-1-180

二、靠肩

分为:右靠肩和左靠肩。

1. 左靠肩

动作要领:实战姿势站立,右脚向前上步,向右转体 90°,左脚跟进,成骑步;随即,借身体前冲之力,左肩内侧向前靠击;左手置于左侧,右手护胸,目视左侧。(图 2-1-181)

用于配合上下肢动作,用肩、臂靠击,撞倒对方。

2. 右靠肩

动作要领:与左靠肩要领相同,唯方向相反。靠肩时,右脚向前滑,微向左转体。(图 2-1-182)

图 2-1-181　　　　　　　　　　　图 2-1-182

第九节　膝法

膝击,是泰拳的主要技法之一,膝的攻击威力凶猛,是近距离格斗的锐利武器。屈膝叠腿,可使膝部突起,形成攻击的力面。膝型分为:膝尖、膝上和膝下。

在格斗中,膝的攻击力面,着力于膝的上部,尤其是膝尖,攻克力更强。贴身近战中,主要用于攻击敌方的腰肋、胸腹部、下颌、面部,是近距离格斗的致胜的撒手锏。膝法多与拳法配合使用,以拳法打乱对方阵脚,突发性使用膝法,撞击对方腰、腹部,甚至下颌、面部。膝法技术性强,其运动路线短、速度快、接触面小、攻击凌厉、威力大,神出鬼没,令敌防不胜防。在近身搏斗中,又常与肘法配合,变化招法,功效亦佳。膝法可分为:顶膝、撞膝、跪膝等。

一、顶膝

以膝部,抬腿屈膝,向正前方、向前上方或向侧前方撞击的技法。分为:前顶膝和侧顶膝。

1. 前顶膝

以右膝为例。

动作要领:实战姿势站立,左脚向前上步,左腿支撑,含胸、收腹;右脚屈膝,膝盖尽量上提,右脚蹬地,膝部领先,向正前方顶击,力达膝上部;同时左手由上向左下捋带,右手由右上向怀内猛拉;目视前下方。(图 2-1-183)

用于攻击腰、腹、裆部。

左前顶膝的动作要领:与右前顶膝相同,唯方向相反。

右前上顶膝的动作要领:与右前顶膝雷同,唯发力向上与之不同。

左前上顶膝的动作要领:与右前上顶膝要领相同,唯方向相反。

2.侧顶膝

分为左侧顶膝、右侧顶膝。(图2-1-184)

左侧顶膝的动作要领:实战姿势站立,右脚向右斜方上步;抬左腿,屈膝外展,脚内侧向下;右脚蹬地;左胯外展,左膝由左侧向侧前方顶击,含胸收腹,力达膝上部;同时,左臂下拉与顶膝形成相向的合力。

右侧顶膝的动作要领:与左侧顶膝要领相同,唯方向相反。

图2-1-183　　　　　　　　　　　　　图2-1-184

二、撞膝

分为:前撞膝、侧撞膝、跃身撞膝和横撞膝。

1.前撞膝

分为左前撞膝和右前撞膝。(图2-1-185)

左前撞膝的动作要领:实战姿势站立,右脚向前上步;两臂屈肘,内合防守;右腿支撑,上体稍向内含胸;左腿屈膝,尽量上提,向前上方猛冲撞,力达膝关节上方;目视前方。

用于撞击对方下颌、腰、胸、腹部。

右前撞膝的动作要领:与左前撞膝要领相同,唯方向相反。

2.侧撞膝

可分为左侧撞膝和右侧撞膝。(图2-1-186)

左侧撞膝的动作要领:实战姿势站立,右脚向右斜方上步,重心移至右腿,含胸;左腿屈膝,展胯,大腿稍向外展;两臂屈肘;右腿蹬地的同时,左膝由左侧猛向前上方撞击,力达膝关节上方;目视前方。

图2-1-185　　　　　　　　　　　　　图2-1-186

右侧撞膝的动作要领：与左侧撞膝要领相同，唯方向相反。

3. 横撞膝

可分为左、右横撞膝。（图 2-1-187）

左横撞膝的动作要领：实战姿势站立，左脚提起；同时，右转体，右脚尖向外；上体后仰，左腿向右撞击。

右横撞膝的动作要领：与左横撞膝要领相同，唯方向相反。

4. 跃身撞膝

动作要领：实战姿势站立，右脚向前迈出一小步，着地后随即向前跃身跳起右膝，向前撞击，双手同时回拉，左脚落地支撑。（图 2-1-188、图 2-1-189、图 2-1-190、图 2-1-191）

图 2-1-187

图 2-1-188

图 2-1-189

图 2-1-190

图 2-1-191

三、跪膝

利用俯身、屈膝、跪压动作跪击倒地之敌的技法，是制服敌人的有效招法之一。可分为右、左跪膝。（图 2-1-192）

1. 右跪膝

动作要领：实战姿势站立，左腿向左前方上步；右腿跪膝；上体向左侧前下方俯身；同时，右掌向右膝下方猛按；左腿成弓型，目视下方。

用于攻击倒地之敌。

2. 左跪膝

动作要领：与右跪膝要领相同，唯方向相反。

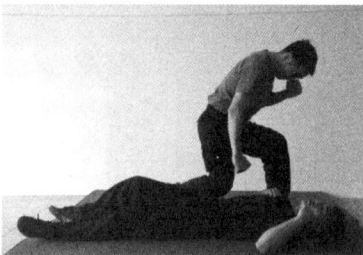

图 2-1-192

第二章 格斗组合动作技术

    格斗组合动作技术是习练者在较好地掌握了单个技术动作情况下,在实战中快速、连贯使用技术动作连击对手的格斗技术,组合动作技术至少由两个技术动作连接组成。格斗实战中单一的进攻动作相对容易被对手识破我进攻意图、进攻部位及进攻路线,在对手有防备的情况下,单个进攻动作成功率相对较低,易被防守。所以格斗习练者就必须熟练掌握连续进攻组合技术来提高击打的成功率。

    格斗组合动作技术既有连续进攻组合,亦有攻中有防的技术动作组合。进攻动作的组合连接也不宜过多,一般2～5个,能一气呵成地完成为佳。通过组合动作技术的练习,提高习练者攻防技术衔接的连贯性、稳定性,明确组合动作技术的运用时机,是训练必不可少的环节。实战中不能简单地事先定好如何运用动作组合攻击对方,而是在熟练掌握各种组合动作技术的情况下,根据实战情境、对手的姿态、对手与我之间的距离的变化等,灵活做出最有效的组合技术动作。

一、拳法的组合技术

1.进步左右直拳

动作说明:实战姿势站立,我左脚上步的同时右脚主动蹬地、跟进,左右直拳衔接紧凑,节奏快,左右直拳击打的目标都在正前方的同一个位置上,保持好身体重心,迅速还原成基本姿势。

易犯错误:左右直拳衔接不紧凑,节奏慢,右直拳击打后身重心过于向前,或右直拳击打不充分,右脚蹬地、转腰,送肩不充分。(图 2-2-1、图 2-2-2、图 2-2-3、图 2-2-4)

图 2-2-1   图 2-2-2

图 2-2-3   图 2-2-4

2. 进步左直拳＋进步左直拳＋右直拳

动作说明：实战姿势站立，我连续进步要快，力量分配要先轻后重，步伐不宜过大，右直拳击打后保持好身体重心。（图 2-2-5、图 2-2-6、图 2-2-7、图 2-2-8）

易犯错误：连续左直拳发力时两脚同时前跳，没有蹬地、转腰的发力。

图 2-2-5   图 2-2-6

图 2-2-7   图 2-2-8

3. 进步左右平勾拳

动作说明：实战姿势站立，我左右平勾拳要在正前方的着力点把力量收住，并迅速沉肘还原成基本姿势。

易犯错误：肘关节上抬不够，没有着力点，因力量收不住，动作幅度大。（图 2-2-9、图 2-2-10、图 2-2-11）

图 2-2-9   图 2-2-10   图 2-2-11

4.进步左直拳＋进步左平勾拳＋右上勾拳

动作说明：实战姿势站立，我进步直拳击打要轻快，类似于假动作。重点在左平勾拳、右上勾拳发力，节奏要清晰，力量分配要轻重合理。（图2-2-12、图2-2-13、图2-2-14、图2-2-15）

易犯错误：连续进步慢，节奏不清晰，右上勾拳击打后重心不稳。

图 2-2-12

图 2-2-13

图 2-2-14

图 2-2-15

5.进步左直拳＋进步左平勾拳

动作说明：同上。

易犯错误：实战姿势站立，我连续进步不快，节奏不清晰，右平勾拳击打后，还原到基本姿势不及时。（图2-2-16、图2-2-17、图2-2-18）

图 2 2 16

图 2 2 17

图 2 2 18

6.进步左右直拳＋左平勾拳

动作说明：实战姿势站立，我进步左右直拳击打后要迅速回收，并迅速击打出左平勾拳。

易犯错误：击打左平勾拳时身体重心上抬，不利于发力。（图2-2-19、图2-2-20、图2-2-21、图2-2-22）

图 2-2-19 图 2-2-20

图 2-2-21 图 2-2-22

7.进步左右摆拳

动作说明:实战姿势站立,我蹬地、转腰快速有力,肘关节要充分上抬,发力后要在下在前方的着力点把力量收住,控制好重心并迅速还原成基本姿势。(图 2-2-23、图 2-2-24、图 2-2-25)

易犯错误:肘关节上抬不够,我手臂后拉动作幅度过大,右摆后力量收不住导致转身。

图 2-2-23 图 2-2-24 图 2-2-25

8.后滑步左平勾拳＋右直拳

动作说明:实战姿势站立,我两脚后滑迅速站稳,以左平勾拳反击对手头部,根据实战情况,决定右手拳的攻击(可直拳、勾拳、摆拳)。(图 2-2-26、图 2-2-27、图 2-2-28、图 2-2-29)

图 2-2-26 图 2-2-27

图 2-2-28   图 2-2-29

易犯错误:同上。

二、腿法组合技术

1.滑步左低边腿＋右中高边腿

动作说明:实战姿势站立,我以滑步左低边腿攻击对手胸腹部,迅速收腿落地的同时以右中边腿攻击对方的背部。(图 2-2-30、图 2-2-31、图 2-2-32、图 2-2-33)

易犯错误:注意左右边腿的发力,而忽视左右边腿的衔接速度。

图 2-2-30   图 2-2-31

图 2-2-32   图 2-2-33

2.垫步右蹬腿＋左中高边腿

动作说明:实战姿势站立,我以垫步右蹬腿攻击对方胸腹部后,右脚收腿落地并迅速碾地、转腰以左中高边腿攻击对手的胸腹部或头部。

易犯错误:右脚蹬出后,收腿落地不积极,导致左边腿连接不快。(图 2-2-34、图 2-2-35、图 2-2-36、图 2-2-37)

图 2-2-34

图 2-2-35

图 2-2-36

图 2-2-37

3.垫步左低边腿＋垫步左侧踹腿

动作说明:实战姿势站立,我以垫步左低边腿攻击对手的左脚关节,或左小腿胫骨,吸引对方的注意力,迅速落地后以垫步左侧踹腿攻击对手的胸腹部。(图 2-2-38、图 2-2-39、图 2-2-40、图 2-2-41)

易犯错误:以垫步左低边腿攻击对手左膝时,不够轻快,导致连接垫步左侧踹腿不够快速,达不到指下打上的效果。

图 2-2-38

图 2-2-39

图 2-2-40

图 2-2-41

4.垫步左蹬腿＋右蹬腿

动作说明:实战姿势站立,我以垫步左蹬腿攻击对方胸腹部,收腿并迅速落地后,再以右

蹬腿攻击对方胸腹部。(图 2-2-42、图 2-2-43、图 2-2-44、图 2-2-45)

易犯错误:蹬腿时,头部保护意识不强,双手往下落,未有效护好头部。

图 2-2-42

图 2-2-43

图 2-2-44

图 2-2-45

三、拳腿组合技术

1. 进步左右直拳 + 左中高边腿

动作说明:实战姿势站立,我以左右直拳攻击对方头部,扰乱对方的防守,迫使对方后退躲闪的同时,迅速以左中高边腿击打对方的胸腹部或头部。(图 2-2-46、2-2-47、图 2-2-48、图 2-2-49、图 2-2-50、图 2-2-51)

图 2-2-46

图 2-2-47

图 2-2-48

图 2-2-49

图 2-2-50   图 2-2-51

易犯错误:动作组合不连贯,节奏不强。

2.进步左右直拳＋右低边腿

动作说明:实战姿势站立,我以左右直拳攻击对方头部,扰乱对方的防守,迫使对方后退躲闪的同时,突然以右低边腿攻击对方的左大腿。(图 2-2-52、图 2-2-53、图 2-2-54、图 2-2-55)

易犯错误:动作组合不连贯,节奏不强。

图 2-2-52   图 2-2-53

图 2-2-54   图 2-2-55

3.垫步左蹬腿＋右直拳

动作说明:实战姿势站立,我以垫步左蹬腿攻击对方腹部后,上身前压,左脚积极下压的同时,迅速以右直拳攻击对方头部。(图 2-2-56、图 2-2-57、图 2-2-58、图 2-2-59)

图 2-2-56   图 2-2-57

图 2-2-58　　　　　　　　　　　　　　图 2-2-59

易犯错误：垫步左蹬时，双手没有上抬保护好头部，左脚未积极下压，左脚着地后再出右直拳。

4.右低边腿＋右直拳

动作说明：实战姿势站立，我突然以右低边腿攻击对方大腿，后右脚迅速下压的同时以直拳攻击对方头部。（图 2-2-60、图 2-2-61、图 2-2-62、图 2-2-63）

图 2-2-60　　　　　　　　　　　　　　图 2-2-61

图 2-2-62　　　　　　　　　　　　　　图 2-2-63

易犯错误：右低边腿攻击对方大腿部时转身过多，导致右直拳击出时不能充分转腰，力量小。右低边腿攻击对方大腿，右脚着地后再出右直拳，导致组合动作不紧凑，身体上压，转腰的力量不能顺畅地传递到右直拳上。

5.垫步左低边腿＋右直拳

动作说明：实战姿势站立，我以垫步左低边腿攻击对方左膝内侧，吸引对方的防守，同时身体快速前压，以右直拳攻击对方头部。（图 2-2-64、图 2-2-65、图 2-2-66、图 2-2-67）

易犯错误：以垫步左低边腿攻击时，双手往下放，头部防护意识不强，身体前压不够快速，遗失战机。

图 2-2-64

图 2-2-65

图 2-2-66

图 2-2-67

6. 右低边腿＋右平勾拳

动作说明：实战姿势站立，我以右低边腿攻击对方大腿，后右脚迅速下压的同时，以右平勾拳攻击对方头部。

易犯错误：以右低边腿攻击对方大腿时转身过多，导致右平勾拳转腰发力不充分。

图 2-2-68

图 2-2-69

图 2-2-70

图 2-2-71

7. 垫步右蹬腿＋右直拳

动作说明：实战姿势站立，我以垫步右蹬腿攻击对方胸腹部，后右脚迅速下压的同时，以右直拳攻击对方面部。（图 2-2-72、图 2-2-73、图 2-2-74、图 2-2-75）

图 2-2-72

图 2-2-73

图 2-2-74

图 2-2-75

易犯错误:垫步右蹬腿踢出后收腿不充分,导致右脚着地后,两脚间距过大,不利于下一个动作的连接。

8.前滑步左低边腿＋左直拳

动作说明:实战姿势站立,我以前滑步左低边腿击打对手左脚胫骨(脚靶代表膝关节内侧),吸引对手的注意力,同时身体迅速前压以左直拳击打对方面部。(图 2-2-76、图 2-2-77、图 2-2-78、图 2-2-79)

图 2-2-76

图 2-2-77

图 2-2-78

图 2-2-79

易犯错误:左低边腿用力过猛,导致与左直拳衔接不紧凑,节奏慢,起不到指下打上的效果。

9.后滑步左侧踹腿＋右直拳

动作说明:实战姿势站立,后滑步的同时,左脚向右脚靠拢,以左侧踹腿阻截对手胸腹部,左腿回收并迅速落地的同时以右直拳攻击对方面部。(图 2-2-80、图 2-2-81、图 2-2-82、图 2-2-83)

易犯错误:两脚后滑时左脚未向右脚靠拢,导致提膝慢,高度不够。

图 2-2-80

图 2-2-81

图 2-2-82

图 2-2-83

10.右低边腿＋左高边腿

动作说明:实战姿势站立,我以左低边腿攻击对手左大腿,收腿落地的同时迅速以左高边腿击打对手的头部或胸腹部。(图 2-2-84、图 2-2-85、图 2-2-86、图 2-2-87)

图 2-2-84

图 2-2-85

图 2-2-86

图 2-2-87

易犯错误:右低边腿转腰送髋过大,导致连接在高边腿不够快。右低边腿攻击后右脚落点控制不好,导致左边腿击打时不能根据对方与我的距离进行有效的调整。

11.右低边腿+右直拳+左高边腿

动作说明:实战姿势站立,我以右低边腿攻击对方右大腿,紧接着以右直拳攻击对方头部,对方向后躲闪,我迅速以左高边腿攻击对方的胸腹部(或头部)。

易犯错误:右边腿连接右直拳不够快,右脚落点控制不好,导致左高边腿攻击效果不佳。(图2-2-88、图2-2-89、图2-2-90、图2-2-91、图2-2-92、图2-2-93)

图 2-2-88

图 2-2-89

图 2-2-90

图 2-2-91

图 2-2-92

图 2-2-93

12.后滑步左低边腿+左平勾拳

动作说明:实战姿势站立,对手上前欲攻击我时,我后滑步以左低边腿攻击对手的左小腿,左脚落地后,迅速以左平勾拳攻击对手的头部。(图2-2-94、图2-2-95、图2-2-96、图2-2-97)

易犯错误:后滑步左低边腿攻击对手左小腿时,身体后仰过多,导致衔接左平勾拳时不够快速。

图 2-2-94

图 2-2-95

图 2-2-96

图 2-2-97

四、拳法、腿法、摔法组合技术

1.垫步左边腿＋右直拳＋接右边腿摔

动作说明:实战姿势站立,我以垫步左低边腿攻击对手左膝关节,对手以右边腿反击我左大腿,我捞接对手右腿的同时以右直拳击打其面部,并以抹脖扫腿摔摔倒对手。

易犯错误:攻防转换不迅速,身体平衡控制不好。(图 2-2-98、图 2-2-99、图 2-2-100、图 2-2-101、图 2-2-102)

图 2-2-98

图 2-2-99

图 2-2-100

图 2-2-101

图 2-2-102

2.后滑步左侧踹腿＋右直拳＋抱腿扛摔

运动说明：实战姿势站立，我以后滑步左侧踹腿阻截对手后，对手继续上前，我以右直拳迎击对手头部后迅速下蹲抱腿扛摔对手。（图2-2-103、图2-2-104、图2-2-105、图2-2-106、图2-2-107、图2-2-108）

易犯错误：左侧踹腿后身体前压不积极，直拳右打后未及时回收，重心靠前，致下蹲抱腿不及时。

图 2-2-103

图 2-2-104

图 2-2-105

图 2-2-106

图 2-2-107

图 2-2-108

第三篇

格斗技术实战应用篇

第一章　徒手对徒手格斗

徒手对徒手的格斗是实战中最常见的搏斗方式,是警察院校格斗教学的主要内容,也是人民警察应具备的基本格斗技能。徒手对徒手的格斗实战训练,不仅能提高学员的实战攻防能力、实战意识,增强自信心,磨炼意志品质,积累实战经验,还能为警务技能综合应用打下良好基础,是警务实战的奠基石。

第一节　拳法实战应用

一、直拳实战应用

直拳是拳法中直线性、最实用的一种拳法。左直拳可作为拳法、腿法后续进攻的引拳,右直拳则是重拳,迎击时力可产生重创对手的良好效果。

1.左直拳实战应用(以双方左势为例,以下均同):

双方以实战姿势对峙,我突然进步以左直拳攻击对手面部。(图 3-1-1、图 3-1-2、图 3-1-3、图 3-1-4)

图 3-1-1

图 3-1-2

图 3-1-3

图 3-1-4

双方以实战姿势对峙，我以进步左直拳（发力轻快）佯攻对方面部，吸引、扰乱对手防守注意力，再以进步左直拳快速、用力攻击对手面部。（图 3-1-5、图 3-1-6、图 3-1-7、图 3-1-8）

图 3-1-5

图 3-1-6

图 3-1-7

图 3-1-8

双方实战姿势对峙，对手垫步提膝靠近，欲用边腿进攻，我抢在对手尚未踢到之前迅速以左直拳迎击对手脸部。（图 3-1-9、图 3-1-10、图 3-1-11）

图 3-1-9

图 3-1-10

图 3-1-11

双方贴近时，对手以左直拳攻击我头部，我迅速下蹲躲闪，同时以左直拳反击对手腹部。（图 3-1-12、图 3-1-13）

图 3-1-12

图 3-1-13

双方贴近时,对手以左摆拳攻击我头部,我右臂格挡,同时以左直拳反击对手头部。(图 3-1-14、图 3-1-15、图 3-1-16)

图 3-1-14　　　　　　　　　　图 3-1-15　　　　　　　　　　图 3-1-16

双方贴近时,对手以左直拳攻击我头部,我侧闪的同时右手拍挡敌手腕处并迅速以左直拳攻击对方面部。(图 3-1-17、图 3-1-18、图 3-1-19)

图 3-1-17　　　　　　　　　　图 3-1-18　　　　　　　　　　图 3-1-19

双方贴近时,对手以左直拳攻击我头部,我向后躲闪,于对手收拳的同时迅速以左直拳反击对方面部。(图 3-1-20、图 3-1-21、图 3-1-22)

图 3-1-20　　　　　　　　　　图 3-1-21　　　　　　　　　　图 3-1-22

双方贴近时,对手以左上勾拳攻击我下巴,我右手沉肘防守,并迅速以左直拳反击对手的面部。(图 3-1-23、图 3-1-24、图 3-1-25)

图 3-1-23　　　　　　　　　　图 3-1-24　　　　　　　　　　图 3-1-25

双方实战姿势对峙,对手以左边腿攻击我腰部,我右臂格挡防手后,迅速以左直拳反击对手头部。(图 3-1-26、图 3-1-27、图 3-1-28)

图 3-1-26　　　　　　　　　图 3-1-27　　　　　　　　　图 3-1-28

双方实战姿势对峙,我两臂上抬护住头部,垫步提膝逼近对手,左脚落地的同时以左直拳攻击对手头部。(图 3-1-29、图 3-1-30、图 3-1-31)

图 3-1-29　　　　　　　　　图 3-1-30　　　　　　　　　图 3-1-31

2.右直拳实战应用:(两方以左势为例,以下均同)

双方贴近时,对手以右摆拳击我头部,我左臂格挡,同时以右直拳反击对手头部。(图 3-1-32、图 3-1-33、图 3-1-34)

图 3-1-32　　　　　　　　　图 3-1-33　　　　　　　　　图 3-1-34

双方贴近时,对手以右直拳击我头部,我左手向右拍挡防守后,迅速以右直拳反击其面部。(图 3-1-35、图 3-1-36、图 3-1-37)

图 3-1-35　　　　　　　　　图 3-1-36　　　　　　　　　图 3-1-37

双方贴近时,对手以右直拳击我头部,我上体后闪躲来拳,随即以右直拳反击对手头部。(图 3-1-38、图 3-1-39、图 3-1-40)

图 3-1-38　　　　　　　　　图 3-1-39　　　　　　　　　图 3-1-40

双方贴近时,对手以右直拳攻击我头部,我左手拍挡后,迅速以右直拳攻击对手的头部。(图 3-1-41、图 3-1-42、图 3-1-43)

图 3-1-41　　　　　　　　　图 3-1-42　　　　　　　　　图 3-1-43

双方实战姿势对峙,对手以右低边腿击我大腿外侧,我提膝外张的同时左手向下捞接腿,随即以右直拳反击对手头部。(图 3-1-44、图 3-1-45、图 3-1-46)

图 3-1-44　　　　　　　　　图 3-1-45　　　　　　　　　图 3-1-46

双方实战姿势对峙,对手以右边腿击我头部,我右侧闪的同时左手屈臂格挡,并迅速以右直拳反击对手头部。(图 3-1-47、图 3-1-48、图 3-1-49)

图 3-1-47　　　　　　　　　图 3-1-48　　　　　　　　　图 3-1-49

双方实战姿势对峙,对手以左低边腿攻我腹部,我进步以右直拳反击对的头部,同时左手向右拨挡其左边腿。(图 3-1-50、图 3-1-51、图 3-1-52)

图 3-1-50 　　　　　　　　　图 3-1-51 　　　　　　　　　图 3-1-52

双方实战姿势对峙,对手以左蹬腿攻击我胸腹部,我后退避开,于对手左腿落地瞬间,进步右直拳迎击对手面部。(图 3-1-53、图 3-1-54、图 3-1-55)

图 3-1-53 　　　　　　　　　图 3-1-54 　　　　　　　　　图 3-1-55

双方实战姿势对峙,我以左直拳佯攻对手,吸引敌注意力,扰乱其防守,后迅速以右直拳攻击对手头部。(图 3-1-56、图 3-1-57、图 3-1-58、图 3-1-59)

图 3-1-56 　　　　　　　　　　　　　　图 3-1-57

图 3-1-58 　　　　　　　　　　　　　　图 3-1-59

双方实战姿势对峙，我以垫步左低边腿攻击对手小腿胫部后，身体迅速向前压，以右直拳攻击对手头部。（图 3-1-60、图 3-1-61、图 3-1-62）

图 3-1-60　　　　　　　　　图 3-1-61　　　　　　　　　图 3-1-62

双方实战姿势对峙，我以右低边腿攻击对手左大腿外侧后，右脚向前落地的同时以右直拳攻击对手头部，左手上抬护住面部。（图 3-1-63、图 3-1-64、图 3-1-65）

图 3-1-63　　　　　　　　　图 3-1-64　　　　　　　　　图 3-1-65

双方实战姿势对峙，敌欲上前进攻，我以侧踹腿阻截对手后，身体迅速前压，以右直拳攻击对手头部。（图 3-1-66、图 3-1-67、图 3-1-68）

图 3-1-66　　　　　　　　　图 3-1-67　　　　　　　　　图 3-1-68

二、勾拳实战应用

1. 左平勾拳实战应用（以双方左势为例，以下均同）：

双方贴近时，我突然进步用左平勾拳进攻对手头部。（图 3-1-69、图 3-1-70、图 3-1-71）

图 3-1-69　　　　　　　　　图 3-1-70　　　　　　　　　图 3-1-71

双方实战姿势对峙,我以进步左直拳佯攻对手头部后,对手后退或拍挡防守我左直拳,我迅速再进步以左平勾拳攻击对手头部。(图 3-1-72、图 3-1-73、图 3-1-74、图 3-1-75)

图 3-1-72　　　　　　　　　　　　　　图 3-1-73

图 3-1-74　　　　　　　　　　　　　　图 3-1-75

两方贴近时,对手以右直拳击我头部,我下蹲躲闪,并在迅速起来的同时以左平勾拳反击对手头部。(图 3-1-76、图 3-1-77、图 3-1-78、图 3-1-79)

图 3-1-76　　　　　　　　　　　　　　图 3-1-77

图 3-1-78　　　　　　　　　　　　　　图 3-1-79

双方实战姿势对峙,对手以左蹬腿攻击我胸腹部,我后滑步避开对手的攻击,于对手左脚落地瞬间以进步左平勾拳攻击其头部。(图 3-1-80、图 3-1-81、图 3-1-82、图 3-1-83、图 3-1-84、图 3-1-85)

图 3-1-80

图 3-1-81

图 3-1-82

图 3-1-83

图 3-1-84

图 3-1-85

两方贴近时,对手以左平勾拳击我头部,我以右臂格挡,同时以左平勾拳反击对手头部。(图 3-1-86、图 3-1-87、图 3-1-88、图 3-1-89)

图 3-1-86

图 3-1-87

图 3-1-88   图 3-1-89

双方贴近时,对手以左上勾拳击我下巴,我右沉肘防守,随即以左平勾拳反击其头部。（图 3-1-90、图 3-1-91、图 3-1-92、图 3-1-93）

图 3-1-90   图 3-1-91

图 3-1-92   图 3-1-93

双方贴近时,对手以左直拳攻击我头部,我左侧闪右臂上抬护住右脸颊,同时以左平勾拳反击对手头部。（图 3-1-94、图 3-1-95、图 3-1-96）

图 3-1-94   图 3-1-95   图 3-1-96

2.右平勾拳实战应用（以双方左势为例,以下均同）：

双方贴近时,我突然用右平勾拳进攻对手头部。（图 3-1-97、图 3-1-98、图 3-1-99）

图 3-1-97

图 3-1-98

图 3-1-99

双方贴近时,对手以右平勾拳击我头部,我以左臂格挡防守,随即以右平勾拳反击其头部。(图 3-1-100、图 3-1-101、图 3-1-102、图 3-1-103)

图 3-1-100

图 3-1-101

图 3-1-102

图 3-1-103

双方贴近时,对手以左直拳击我头部,我下蹲并向对手左边闪躲,随即身体直起的同时右脚蹬地,转腰以右平勾拳击对手头部。(图 3-1-104、图 3-1-105、图 3-1-106、图 3-1-107)

图 3-1-104

图 3-1-105

图 3-1-106

图 3-1-107

双方贴近时,对手以左上勾拳攻击我下巴,我左沉肘防守,随即以右平勾拳反击对手头部。(图 3-1-108、图 3-1-109)

图 3-1-108

图 3-1-109

双方实战姿势对峙,我以右低边腿攻击对手左大腿外侧后收腿前踩落地的同时,身体前压以右平勾拳攻击对手头部。(图 3-1-110、图 3-1-111、图 3-1-112、图 3-1-113、图 3-1-114)

图 3-1-110

图 3-1-111

图 3-1-112

图 3-1-113

图 3-1-114

3.左上勾拳实战应用(以双方左势为例,以下均同):

双方贴近抱缠时,我突然以左上勾拳击打对手下巴或腹部。(图 3-1-115、图 3-1-116)

图 3-1-115　　　　　　　　　　　　　图 3-1-116

双方贴近时,对手以左摆拳击我头部,我以右臂格挡防守,同时以左上勾拳反击其下巴。
(图 3-1-117、图 3-1-118、图 3-1-119)

图 3-1-117　　　　　　　　图 3-1-118　　　　　　　　图 3-1-119

双方贴近时,对手以左上勾拳击我腹部,我稍左转身右沉肘防守,随即以左上勾拳反击其腹部。(图 3-1-120、图 3-1-121、图 3-1-122)

图 3-1-120　　　　　　　　图 3-1-121　　　　　　　　图 3-1-122

双方实战姿势对峙,对手上步欲抱腿摔我,我重心稍下沉,迅速以左上勾拳反击其下巴。
(图 3-1-123、图 3-1-124、图 3-1-125)

图 3-1-123　　　　　　　　图 3-1-124　　　　　　　　图 3-1-125

4.右上勾拳实战应用(以双方左势为例,以下均同):

双方贴近时,对手右摆拳击我头部,我左臂格挡,随即以右上勾拳反击其胸腹部。(图3-1-126、图3-1-127、图3-1-128)

图 3-1-126   图 3-1-127   图 3-1-128

双方贴近时,对手以右上勾拳击我腹部,我左沉肘防守后,以右上勾拳反击其腹部。(图3-1-129、图3-1-130、图3-1-131)

图 3-1-129   图 3-1-130   图 3-1-131

双方贴近时,我以左直拳进攻对手头部,对手下蹲躲闪并上步欲行抱腿摔,我迅速以右上钩拳击其头部。(图3-1-132、图3-1-133、图3-1-134)

图 3-1-132   图 3-1-133   图 3-1-134

三、摆拳实战应用

摆拳是侧面攻击对手的拳法,它的特点是力量大,特别是后手摆拳,能充分利用右脚蹬地、转腰的力量,是很有杀伤力的重拳,对初学者容易造成心理压力,但动作幅度大,易防守。

1.左摆拳实战应用(以双方左势为例,以下均同):

双方实战姿势对峙,我突然上步以左摆拳抢攻对手头部。(图3-1-135、图3-1-136、图3-1-137)

图 3-1-135　　　　　　　　　图 3-1-136　　　　　　　　　图 3-1-137

双方实战姿势对峙,对手以左直拳击我头部,我向左侧闪的同时以左摆拳反击其头部。（图 3-1-138、图 3-1-139、图 3-1-140、图 3-1-141）

图 3-1-138　　　　　　　　　　　　图 3-1-139

图 3-1-140　　　　　　　　　　　　图 3-1-141

双方实战姿势对峙,我以左直拳佯攻对手头部,吸引、扰乱对手的防守注意力,随即以进步左摆拳攻击对手头部。（图 3-1-142、图 3-1-143、图 3-1-144、图 3-1-145）

图 3-1-142　　　　　　　　　　　　图 3-1-143

图 3-1-144   图 3-1-145

双方实战姿势对峙,对手以左边腿击我腹部,我双臂并拢格挡防守,于对手左脚落地瞬间迅速进步,以左摆拳反击其头部。(图 3-1-146、图 3-1-147、图 3-1-148、图 3-1-149)

图 3-1-146   图 3-1-147

图 3-1-148   图 3-1-149

双方实战姿势对峙,对手以左蹬腿攻击我胸腹部,我后滑步躲开,于对手左脚落地瞬间迅速以左摆拳攻击对手头部。(图 3-1-150、图 3-1-151、图 3-1-152、图 3-1-153、图 3-1-154)

图 3-1-150   图 3-1-151

图 3-1-152　　　　　　　　　　图 3-1-153　　　　　　　　　　图 3-1-154

双方实战姿势对峙,我以右直拳佯攻对手胸腹部,吸引、扰乱对方的防守注意力后,迅速起身以进步左摆拳攻击对手头部,达到指下打上的效果。(图 3-1-155、图 3-1-156、图 3-1-157、图 3-1-158)

图 3-1-155　　　　　　　　　　　　　图 3-1-156

图 3-1-157　　　　　　　　　　　　　图 3-1-158

双方实战姿势对峙,我以左侧踹腿攻击对手胸腹部后,身体积极前压,紧接着以左摆拳攻击对手头部。(图 3-1-159、图 3-1-160、图 3-1-161、图 3-1-162、图 3-1-163)

图 3-1-159　　　　　　　　　　　　　图 3-1-160

图 3-1-161　　　　　　　　　图 3-1-162　　　　　　　　　图 3-1-163

2.右摆拳实战应用(以双方左势为例,以下均同):

双方实战姿势对峙,我突然进步,以右摆拳进攻对手头部。(图 3-1-164、图 3-1-165、图 3-1-166)

图 3-1-164　　　　　　　　　图 3-1-165　　　　　　　　　图 3-1-166

双方贴近时,对手以左摆拳击我头部,我下蹲并向对手左边躲闪,随即起身的同时蹬地、拧腰以右摆拳反击对手头部左侧。(图 3-1-167、图 3-1-168、图 3-1-169、图 3-1-170)

图 3-1-167　　　　　　　　　　　　　　图 3-1-168

图 3-1-169　　　　　　　　　　　　　　图 3-1-170

双方贴近时,对手以右摆拳攻击我头部,我左臂格挡,随即以右摆拳反击对手头部。(图

3-1-171、图 3-1-172、图 3-1-173、图 3-1-174)

图 3-1-171

图 3-1-172

图 3-1-173

图 3-1-174

　　双方实战姿势对峙,对手以右边腿攻击我头部,我左臂并拢格挡防守后于对手收腿的同时,以进步右摆拳反击其头部。(图 3-1-175、图 3-1-176、图 3-1-177、图 3-1-178)

图 3-1-175

图 3-1-176

图 3-1-177

图 3-1-178

　　双方实战姿势对峙,对手以左蹬腿攻击我胸腹部,我后滑步躲闪的同时,左手拍挡对手左踝关节处,于对手左脚落地瞬间,我迅速以右摆拳攻击对手头部。(图 3-1-179、图 3-1-180、图 3-1-181、图 3-1-182)

图 3-1-179

图 3-1-180

图 3-1-181

图 3-1-182

　　双方实战姿势对峙,我以垫步左侧踹腿攻击对手胸腹部,对手向后躲闪,我左脚落地瞬间,对手欲上前反击,我紧接以右摆拳攻击对手头部。(图 3-1-183、图 3-1-184、图 3-1-185、图 3-1-186、图 3-1-187)

图 3-1-183

图 3-1-184

图 3-1-185

图 3-1-186

图 3-1-187

四、鞭拳实战应用(以双方左势为例,以下均同):

　　双方实战姿势对峙,我以左直拳虚晃进攻,随即右脚后插步,身体右后转,以右转身鞭拳

横线击打对手头颈部。(图 3-1-188、图 3-1-189、图 3-1-190、图 3-1-191)

图 3-1-188

图 3-1-189

图 3-1-190

图 3-1-191

双方实战姿势对峙,对手向前猛冲并以右直拳击我头部,我左手拍挡对手右手腕的同时,左脚经右脚由右向后盖步,身体右转 180°,躲闪其攻击的同时以右鞭拳反击其头部。(图 3-1-192、图 3-1-193、图 3-1-194)

图 3-1-192

图 3-1-193

图 3-1-194

双方实战姿势对峙,我以左低边腿攻击对手小腿胫骨后,接近对手后,扰乱对手的防守注意力,紧接着以转身鞭拳攻击对手头部,达到指下打上的效果。(图 3-1-195、图 3-1-196、图 3-1-197、图 3-1-198、图 3-1-199)

图 3-1-195

图 3-1-196

图 3-1-197

图 3-1-198   图 3-1-199

第二节　腿法实战应用

一、边腿实战应用

1.左边腿实战应用（以双方左势为例，以下均同）：

双方实战姿势对峙，我突然以左边腿进攻对手头部、胸腹部或下肢。

例1　击打下肢（图 3-1-200、图 3-1-201、图 3-1-202）：

图 3-1-200   图 3-1-201   图 3-1-202

例2　击打胸腹部（图 3-1-203、图 3-1-204、图 3-1-205）：

图 3-1-203   图 3-1-204   图 3-1-205

击打头部（图 3-1-206、图 3-1-207、图 3-1-208）：

图 3-1-206　　　　　　　　　图 3-1-207　　　　　　　　　图 3-1-208

　　双方实战姿势对峙，我以左直拳虚击对手，接近对手，扰乱、分散对手注意力，并迅速以左边腿踢击其头部。（图 3-1-209、图 3-1-210、图 3-1-211、图 3-1-212、图 3-1-213）

图 3-1-209　　　　　　　　　　　　　图 3-1-210

图 3-1-211　　　　　　　　　图 3-1-212　　　　　　　　　图 3-1-213

　　双方实战姿势对峙，对手以左侧踹腿进攻，我后滑换步避开，于对手收脚落地瞬间，以左边腿反击对手胸腹部或头部。（图 3-1-214、图 3-1-215、图 3-1-216、图 3-1-217、图 3-1-218）

图 3-1-214　　　　　　　　　　　　　图 3-1-215

图 3-1-216 　　　　　　　　　图 3-1-217 　　　　　　　　　图 3-1-218

　　双方实战姿势对峙,对手以左边腿攻击我小腿,我后滑步后,于对手收腿落地瞬间,迅速以左边腿反击其大腿内侧或小腿胫骨。(图 3-1-219、图 3-1-220、图 3-1-221、图 3-1-222)

图 3-1-219 　　　　　　　　　　　　　　图 3-1-220

图 3-1-221 　　　　　　　　　　　　　　图 3-1-222

　　双方实战姿势对峙,我以左右直拳攻击对手头部,对手向后躲闪,我迅速以滑步破坏对手的防守并逼退对手,以左边腿攻击对手胸腹部或头部。(图 3-1-223、图 3-1-224、图 3-1-225、图 3-1-226、图 3-1-227)

图 3-1-223 　　　　　　　　　　　　　　图 3-1-224

图 3-1-225　　　　　　　　　图 3-1-226　　　　　　　　　图 3-1-227

　　双方实战姿势对峙,我以右边腿攻击对手大腿,对手向后躲闪避开我右边腿攻击,我身体积极前压,右脚快速收腿落地,再迅速以左边腿攻击对手胸腹部或头部。(图 3-1-228、图3-1-229、图 3-1-230、图 3-1-231、图 3-1-232、图 3-1-233)

图 3-1-228　　　　　　　　　　　　　　图 3-1-229

图 3-1-230　　　　　　　　　　　　　　图 3-1-231

图 3-1-232　　　　　　　　　　　　　　图 3-1-233

　　我以滑步左低边腿轻击对手小腿,对手向后躲闪,我左脚迅速落地再以滑步左边腿攻击对手胸腹部或头部。(图 3-1-234、图 3-1-235、图 3-1-236、图 3-1-237、图 3-1-238、图 3-1-239)

图 3-1-234

图 3-1-235

图 3-1-236

图 3-1-237

图 3-1-238

图 3-1-239

双方实战姿势对峙,我以右蹬腿攻击对手胸腹部,对手向后躲闪,我右脚迅速收腿积极下压落地,并迅速再以左边腿攻击对手胸腹部。(图 3-1-240、图 3-1-241、图 3-1-242、图 3-1-243、图 3-1-244、图 3-1-245)

图 3-1-240

图 3-1-241

图 3-1-242

图 3-1-243

图 3-1-244　　　　　　　　　　　　图 3-1-245

双方缠抱时，我推开对手的同时以左边腿攻击对手的胸腹部或头部。（图 3-1-246、图 3-1-247、图 3-1-248、图 3-1-249）

图 3-1-246　　　　　　　　　　　　图 3-1-247

图 3-1-248　　　　　　　　　　　　图 3-1-249

2.右边腿实战应用（以双方左势为例，以下均同）：

双方实战姿势对峙，我突然起右边腿踢击对手大腿外侧。（图 3-1-250、图 3-1-251、图 3-1-252、图 3-1-253）

图 3-1-250　　　　　　　　　　　　图 3-1-251

图 3-1-252   图 3-1-253

　　双方实战姿势对峙,我以进步左拳虚击对手头部,吸引、扰乱敌防守注意力,随即以右边腿踢击其肋部或大腿。(图 3-1-254、图 3-1-255、图 3-1-256、图 3-1-257)

图 3-1-254   图 3-1-255

图 3-1-256   图 3-1-257

　　双方实战姿势对峙,对手以拳法进攻我头部,我后滑步躲开对手的拳法攻击,迅速以右边腿反击其腰部或大腿。(图 3-1-258、图 3-1-259、图 3-1-260、图 3-1-261)

图 3-1-258   图 3-1-259

图 3-1-260　　　　　　　　　　　　　　　图 3-1-261

双方实战姿势对峙，对手以垫步左侧踹腿进攻，我后滑步躲开的同时左手向左拍挡其左脚脚跟处，致其身体失去平衡，并迅速以右边腿反击其背部。（图 3-1-262、图 3-1-263、图 3-1-264、图 3-1-265）

图 3-1-262　　　　　　　　　　　　　　　图 3-1-263

图 3-1-264　　　　　　　　　　　　　　　图 3-1-265

双方实战姿势对峙，对手以左蹬腿攻击我胸腹部，我后滑步躲开的同时，左手拍挡其左脚跟处，致其身体失去平衡，并于对手左脚落地瞬间，以右边腿攻击对手的背部或大腿。（图 3-1-266、图 3-1-267、图 3-1-268、图 3-1-269、图 3-1-270）

图 3-1-266　　　　　　　图 3-1-267　　　　　　　图 3-1-268

图 3-1-269　　　　　　　　　　　图 3-1-270

　　双方实战姿势对峙,我以左边腿攻击对方小腿胫骨,击中对方小腿后迅速落地,紧接着以右边腿攻击对手的腰背部或头部。(图 3-1-271、图 3-1-272、图 3-1-273、图 3-1-274、图 3-1-275、图 3-1-276)

图 3-1-271　　　　　　　　　　　图 3-1-272

图 3-1-273　　　　　　　　　　　图 3-1-274

图 3-1-275　　　　　　　　　　　图 3-1-276

二、蹬腿实战应用

　　蹬腿是用于正面直线性进攻的屈伸性腿法,力量大、攻击力强,既可用于攻击对手亦可用于阻击对手的进攻,是常用的基本腿法。

1.左蹬腿实战应用（以双方左势为例，以下均同）：

双方实战姿势对峙，我突然以垫步左蹬腿蹬击对手胸腹部。（图 3-1-277、图 3-1-278、图 3-1-279）

图 3-1-277　　　　　　　　　图 3-1-278　　　　　　　　　图 3-1-279

双方实战姿势对峙，对手以左直拳欲上前攻击我头部，我同时以左蹬腿阻击其胸腹部。（图 3-1-280、图 3-1-281、图 3-1-282）

图 3-1-280　　　　　　　　　图 3-1-281　　　　　　　　　图 3-1-282

双方实战姿势对峙，对手欲使用滑步左侧踹腿进攻，我在对手提膝的同时，以左蹬腿阻截其小腿或膝关节处。（图 3-1-283、图 3-1-284、图 3-1-285）

图 3-1-283　　　　　　　　　图 3-1-284　　　　　　　　　图 3-1-285

双方实战姿势对峙，我垫步提膝逼近对手，左脚点地后再迅速以垫步左蹬腿攻击对手的胸腹部。（图 3-1-286、图 3-1-287、图 3-1-288、图 3-1-289、图 3-1-290）

图 3-1-286　　　　　　　　　图 3-1-287　　　　　　　　　图 3-1-288

图 3-1-289　　　　　　　　　　　图 3-1-290

2.右蹬腿实战应用(以双方左势为例,以下均同):

双方实战姿势对峙,我突然以垫步右蹬腿攻击对手胸部。(图 3-1-291、图 3-1-292、图 3-1-293、图 3-1-294)

图 3-1-291　　　　　　　　　　　图 3-1-292

图 3-1-293　　　　　　　　　　　图 3-1-294

双方缠抱时,我主动推开对手的同时,并以换步右蹬腿攻击其腹部。(图 3-1-295、图 3-1-296、图 3-1-297)

图 3-1-295　　　　　图 3-1-296　　　　　图 3-1-297

双方实战姿势对峙,我以进步左右直拳攻击对手头部,逼退对手后紧接着以右蹬腿攻击对手胸腹部。(图 3-1-298、图 3-1-299、图 3-1-300、图 3-1-301)

图 3-1-298　　　　　　　　　　　　　图 3-1-299

图 3-1-300　　　　　　　　　　　　　图 3-1-301

三、侧踹腿实战应用

侧踹腿是直线进攻的屈伸性腿法,攻击距离远,攻击性强,攻击面大,使用时变化较多,是阻击对手进攻的主要腿法。

1.左侧踹腿实战应用(以双方左势为例,以下均同):

双方实战姿势对峙,我突然以低、中、高垫步侧踹腿攻击对手的腿、胸腹和头部。

例1　击打下肢(图 3-1-302、图 3-1-303、图 3-1-304)

图 3-1-302　　　　　　　　图 3-1-303　　　　　　　　图 3-1-304

例2　击打胸部(图 3-1-305、图 3-1-306、图 3-1-307)

图 3-1-305　　　　　　　　图 3-1-306　　　　　　　　图 3-1-307

双方实战姿势对峙，我以左直拳佯攻对手头部，趁对手注意力被吸引到头部防守时突然以垫步踹腿攻击对手胸部。（图 3-1-308、图 3-1-309、图 3-1-310、图 3-1-311）

图 3-1-308

图 3-1-309

图 3-1-310

图 3-1-311

双方实战姿势对峙，对手以左蹬腿攻击我，我后滑步向后躲开，于对手左脚落地瞬间（时间差）以左侧踹腿阻截其胸腹部。（图 3-1-312、图 3-1-313、图 3-1-314、图 3-1-315）

图 3-1-312

图 3-1-313

图 3-1-314

图 3-1-315

双方实战姿势对峙，我以滑步左边腿佯攻对手下肢，对手后退，我收腿点地后迅速以垫步左侧踹腿攻击对手胸腹部。（图 3-1-316、图 3-1-317、图 3-1-318、图 3-1-319）

图 3-1-316   图 3-1-317

图 3-1-318   图 3-1-319

2.右侧踹腿实战应用(以双方左势为例,以下均同):

双方实战姿势对峙,我以左拳虚击对手头部,突然起右腿踹击对手胸腹部。(图 3-1-320、图 3-1-321、图 3-1-322、图 3-1-323)

图 3-1-320   图 3-1-321

图 3-1-322   图 3-1-323

双方实战姿势对峙,我以右低边腿攻击对手下肢,对手后退避开后欲上前以拳法反击我头部,我右腿迅速回收,再以右踹腿攻其胸部。(图 3-1-324、图 3-1-325、图 3-1-326、图 3-1-327)

图 3-1-324

图 3-1-325

图 3-1-326

图 3-1-327

四、踩腿实战应用

踩腿是近距离正面攻击对手的屈伸性腿法,既能进攻,亦可作为防守。进攻时,可攻击对手的小腿胫骨面或膝部;防守时,可用于阻截、破坏对手各种腿法的进攻。踩腿一般攻击膝关节以下部位。

实战应用(以双方左势为例,以下均同):

双方实战姿势对峙,我以左直拳佯攻对手头部,吸引其注意力,同时以右踩脚攻击对手的膝关节或小腿胫骨。(图 3-1-328、图 3-1-329、图 3-1-330)

图 3-1-328

图 3-1-329

图 3-1-330

双方实战姿势对峙,对手欲上前用拳法进攻我头部,我身体向后躲闪的同时以右踩脚阻截对手的膝关节。(图 3-1-331、图 3-1-332)

图 3-1-331　　　　　　　　　　图 3-1-332

五、转身扫摆腿实战应用

扫摆腿是横向型进攻的腿法,加上转身的惯性,攻击力量更大,特别是突然改变进攻路线,能产生让对手防不胜防的效果。

1. 左转身扫摆腿实战应用:(两方以左势为例,以下均同)

双方实战姿势对峙,我以右摆拳虚击对手,顺势以左转身扫摆腿攻击对手头部。(图 3-1-333、图 3-1-334、图 3-1-335、图 3-1-336、图 3-1-337、图 3-1-338)

图 3-1-333　　　　　　　　　　图 3-1-334

图 3-1-335　　　　　　　　　　图 3-1-336

图 3-1-337　　　　　　　　　　图 3-1-338

双方实战姿势对峙,先以右低边腿攻击对手左腿逼退对后,右脚落地时,脚尖内扣顺势以左转身扫摆腿踢击其头部。(图 3-1-339、图 3-1-340、图 3-1-341、图 3-1-342、图 3-1-343)

图 3-1-339　　　　　　　　　　　　　　　图 3-1-340

图 3-1-341　　　　　　　　图 3-1-342　　　　　　　　图 3-1-343

2.右转身扫摆腿实战应用(以双方左势为例,以下均同):

双方实战姿势对峙,对手欲上前进攻,我后滑步拉开与对手的距离并迅速以右转身扫摆腿攻击其头部。(图 3-1-344、图 3-1-345、图 3-1-346、图 3-1-347)

图 3-1-344　　　　　　　　　　　　　　　图 3-1-345

图 3-1-346　　　　　　　　　　　　　　　图 3-1-347

双方实战姿势对峙,我以左边腿虚击对手下肢,逼退对手,迅速以右转身扫摆腿攻击其

头部。(图 3-1-348、图 3-1-349、图 3-1-350、图 3-1-351)

图 3-1-348

图 3-1-349

图 3-1-350

图 3-1-351

六、勾踢腿实战应用

勾踢腿是弧线进攻腿法,主要是用踝关节前部攻击对手的脚后跟,使对手因失去身体重心而倒地。它的特点是动作隐蔽、突然,速度快,力量大,运用得好,在实战中能起到较好的作用。勾踢腿一般多采用后腿进攻对手,下面以右勾踢腿为例,进行介绍。

右勾踢腿实战应用(以双方左势为例,以下均同):

双方实战姿势对峙,当对方重心落在左腿时,突然以右勾踢腿攻击其脚后跟。(图 3-1-352、图 3-1-353、图 3-1-354、图 3-1-355)

图 3-1-352

图 3-1-353

图 3-1-354

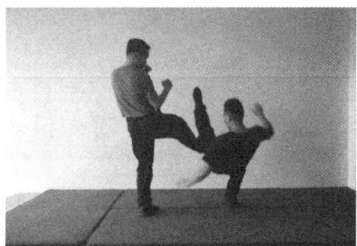

图 3-1-355

双方实战姿势对峙,对手用左边腿进攻,我接腿后,右手向前向上托抬其左腿同时以左勾踢腿攻击。(图 3-1-356、图 3-1-357、图 3-1-358、图 3-1-359)

图 3-1-356

图 3-1-357

图 3-1-358

图 3-1-359

双方实战姿势对峙,对手以右边腿攻击我头部,我接腿后,双手扣紧对手小腿,向前向上抬起,同时我以右脚勾踢对手左脚踝关节处,形成合力致其摔倒。(图 3-1-360、图 3-1-361、图 3-1-362、图 3-1-363、图 3-1-364)

图 3-1-360

图 3-1-361

图 3-1-362

图 3-1-363

图 3-1-364

七、扫堂腿实战应用

扫堂腿简称扫腿，分为前扫和后扫。它是用踝关节前部和脚后跟，利用身体转动，从两侧扫击对手下盘，使其因失去身体重心而跌倒。它的特点是动作隐蔽突然、力量大、速度快，但是技术性较强，难掌握。如果在基本技术和时机掌握达到熟练程度以后，使用扫腿可收到良好的效果。

1.前扫腿实战应用（以双方左势为例，以下均同）：

双方实战姿势对峙，对手以进步左直拳进攻我头部，我迅速屈膝下蹲，身体快速左转以右前扫腿扫击其左踝，使其倒地。（图3-1-365、图3-1-366、图3-1-367）

图 3-1-365　　　　　　　　图 3-1-366　　　　　　　　图 3-1-367

双方实战姿势对峙，对手以左高边腿攻击我头部，我迅速屈膝下蹲，身体快速左转以右前扫腿扫击其左踝。（图3-1-368、图3-1-369、图3-1-370、图3-1-371）

图 3-1-368　　　　　　　　　　　　图 3-1-369

图 3-1-370　　　　　　　　　　　　图 3-1-371

2.后扫腿实战应用

双方实战姿势对峙，对手以左边腿攻击我头部，我突然伏身，身体向左转后以扫腿反击其右脚后跟。（图3-1-372、图3-1-373、图3-1-374）

图 3-1-372	图 3-1-373	图 3-1-374

　　双方实战姿势对峙,对手以右侧踹腿进攻,我迅速伏身,身体迅速向左转以后扫腿扫击对手脚后跟处,致其摔倒。(图 3-1-375、图 3-1-376、图 3-1-377)

图 3-1-375	图 3-1-376	图 3-1-377

第三节　摔法实战应用

　　摔法的使用讲究一个"快"字,在对手未做出相应防备时我已发力,则成功率高。如我发力的同时(或发力前)对手也已经做出相应的抗摔动作,则成功率低。使用摔法技术时,一定要讲求快速干脆,这样才能更好地摔倒对手。

一、抱单腿转压摔

　　实战运用(以双方左势为例,以下均同):

　　1.双方实战姿势对峙,我以左直拳佯攻对手头部,对手把注意力集中在头部防守时,我迅速下蹲主动抱单腿转压摔倒对方。(图 3-1-378、图 3-1-379、图 3-1-380、图 3-1-381、图 3-1-382、图 3-1-383)

图 3-1-378	图 3-1-379

图 3-1-380

图 3-1-381

图 3-1-382

图 3-1-383

2.双方实战姿势对峙,对手以进步左直拳攻击我头部,我迅速下蹲并护住头部,抱单腿转压摔倒对手。(图 3-1-384、图 3-1-385、图 3-1-386、图 3-1-387)

图 3-1-384

图 3-1-385

图 3-1-386

图 3-1-387

3.双方实战姿势对峙,我以垫步左蹬腿攻击对方腹部,对手以右直拳反击,我迅速下蹲躲闪,并抱单腿转压摔倒对手。(图 3-1-388、图 3-1-389、图 3-1-390)

图 3-1-388   图 3-1-389   图 3-1-390

二、抱单腿手别摔

对手以左蹬腿踢我肋部,我抄抱其左小腿,并以右手抱住,向前下方弯腰,左手臂从对手裆下穿过,用手向里别其膝窝的同时,右手抱对手左小腿向右转体,胸部下压,使其摔倒。

实战运用(以双方左势为例,以下均同):

1.双方实战姿势对峙,对手以左边腿攻击我腹部,我接腿后,以抱单腿手别摔使对手倒地。(图 3-1-391、图 3-1-392、图 3-1-393、图 3-1-394、图 3-1-395)

图 3-1-391   图 3-1-392   图 3-1-393

图 3-1-394   图 3-1-395

2.双方实战姿势对峙,对手以左直拳攻击我头部,我迅速下蹲躲闪并以抱单腿手别摔使对手倒地。(图 3-1-396、图 3-1-397、图 3-1-398、图 3-1-399、图 3-1-400)

图 3-1-396   图 3-1-397   图 3-1-398

图 3-1-399　　　　　　　　　图 3-1-400

三、抱单腿腿别摔

实战动用（以双方左势为例，以下均同）：

1.双方实战姿势对峙，对手以左边腿攻击我腹部，我接腿后，抱腿别摔对手。（图 3-1-395、图 3-1-396、图 3-1-397、图 3-1-398）

图 3-1-401　　　　　　　　　图 3-1-402

图 3-1-403　　　　　　　　　图 3-1-404

2.双方实战姿势对峙，对手以右边腿攻击我腰背部，我接腿后，抱腿别摔对手。（图 3-1-405、图 3-1-406、图 3-1-407、图 3-1-408）

图 3-1-405　　　　　　　　　图 3-1-406

图 3-1-407

图 3-1-408

四、抱单腿打腿摔

实战运用（以双方左势为例，以下均同）：

1.双方实战姿势对峙，对手以左边腿攻击我腹部，我接腿后，抱腿打腿摔倒对手。（图 3-1-409、图 3-1-410、图 3-1-411、图 3-1-412）

图 3-1-409

图 3-1-410

图 3-1-411

图 3-1-412

2.双方实战姿势对峙，对手以右边腿攻击我背部，我接腿后，抱腿打腿摔倒对手。（图 3-1-413、图 3-1-414、图 3-1-415、图 3-1-416）

图 3-1-413

图 3-1-414

图 3-1-415   图 3-1-416

3.双方实战姿势对峙,我以右边腿攻击对手左大腿,对手后退躲闪后,以右边腿反击我胸腹部,我以后抱腿打腿摔使对手摔倒。(图 3-1-417、图 3-1-418、图 3-1-419、图 3-1-420、图 3-1-421、图 3-1-422)

图 3-1-417   图 3-1-418

图 3-1-419   图 3-1-420

图 3-1-421   图 3-1-422

五、抱单腿扛摔

双方对峙,我突然上步下蹲,以左手由内向外抱住对手左大腿上部,右手环绕抱住其膝窝,随即两脚蹬地,上体直起,挺胸、抬头,同时两手将对手向上扛起并向后摔出。

实战运用(以双方左势为例,以下均同):

1.双方实战姿势对峙,对手以右直拳攻击我头部,对手重心前倾,我以抱单腿扛摔摔倒对手。(图 3-1-423、图 3-1-424、图 3-1-425、图 3-1-426)

图 3-1-423

图 3-1-424

图 3-1-425

图 3-1-426

2.双方实战姿势对峙,对手以右摆拳攻击我头部,且对手重心前倾较多,我以抱单腿扛摔摔倒对手。(图 3-1-427、图 3-1-428、图 3-1-429、图 3-1-430)

图 3-1-427

图 3-1-428

图 3-1-429

图 3-1-430

六、抱双腿前顶摔

双方实战姿势对峙,我突然上步,两手抱住对手双腿膝窝,两手用力后拉的同时,用肩部前顶对手大腿或腹部,使其摔倒。

实战运用(以双方左势为例,以下均同):

1. 双方实战姿势对峙,我以左直拳佯攻对手,突然下蹲,抱住对手双腿,向前顶摔。(图3-1-431、图3-1-432、图3-1-433、图3-1-434)

图 3-1-431

图 3-1-432

图 3-1-433

图 3-1-434

2. 双方实战姿势对峙,我以左边腿攻击对手小腿,对手后退,以右直拳反击我头部,我迅速下蹲,抱住对手双腿向前顶摔。(图3-1-435、图3-1-436、图3-1-437、图3-1-438)

图 3-1-435

图 3-1-436

图 3-1-437

图 3-1-438

七、抱双腿侧摔

对手以拳法进攻我头部，我下蹲躲闪并靠近对手，两手抱住对手双腿膝窝，蹬地、挺身将对手向上向右（或左）抱起后，再往下摔。

实战运用（以双方左势为例，以下均同）：

1.双方实战姿势对峙，我以左直拳佯攻对手，突然下蹲，抱住对手双腿侧摔。（图 3-1-439、图 3-1-440、图 3-1-441、图 3-1-442）

图 3-1-439   图 3-1-440

图 3-1-441   图 3-1-442

2.双方实战姿势对峙，我以左边腿攻击对手小腿，对手后退，以右直拳反击我头部，我迅速下蹲，抱住对手双腿侧摔。（图 3-1-443、图 3-1-444、图 3-1-445、图 3-1-446）

图 3-1-443   图 3-1-444

图 3-1-445   图 3-1-446

八、抱双腿扛摔

对手以左直拳猛攻我头部,我下蹲躲闪并上步靠近对手,两手抱住对手双腿膝窝,随即蹬腿、挺身,抱起对手从肩上向后将对手摔倒。

实战应用(以双方左势为例,以下均同):

双方实战姿势对峙,对手以右直拳或右摆拳攻击我头部,对手重心前倾,我以抱双腿扛摔摔倒对手。(图 3-1-447、图 3-1-448、图 3-1-449、图 3-1-450)

图 3-1-447

图 3-1-448

图 3-1-449

图 3-1-450

九、接腿摇涮摔

对手以左腿攻击我,我迅速用两手接住其左脚,两腿屈膝,左脚后退一步,同时两手向右下拉对手左腿,随即向上、向左上方提拉成弧形摇荡,摔倒对手。

实战应用(以双方左势为例,以下均同):

1.接左蹬腿(图 3-1-451、图 3-1-452、图 3-1-453、图 3-1-454)

图 3-1-451

图 3-1-452

图 3-1-453

图 3-1-454

2. 接左侧踹腿（图 3-1-455、图 3-1-456、图 3-1-457、图 3-1-458）

图 3-1-455

图 3-1-456

图 3-1-457

图 3-1-458

3. 接左边腿（图 3-1-459、图 3-1-460、图 3-1-461、图 3-1-462）

图 3-1-459

图 3-1-460

图 3-1-461

图 3-1-462

十、抱脚上抬勾踢摔

以对手左腿踢我胸腹部，我两手迅速抱住对手左小腿处，右手扣拿其小腿并迅速上抬，同时左脚勾踢其支撑腿，形成合力，使其向后失去重心摔倒。

实战应用：主要用于接对手的蹬腿、边腿和侧踹腿进攻。

1. 接左蹬腿（图 3-1-463、图 3-1-464、图 3-1-465、图 3-1-466）

图 3-1-463

图 3-1-464

图 3-1-465

图 3-1-466

2. 接左侧踹腿（图 3-1-467、图 3-1-468、图 3-1-469、图 3-1-470）

图 3-1-467

图 3-1-468

图 3-1-469

图 3-1-470

3.接左边腿(图 3-1-471、图 3-1-472、图 3-1-473、图 3-1-474)

图 3-1-471

图 3-1-472

图 3-1-473

图 3-1-474

十一、抹脖拌摔

对手以右边腿攻击我大腿,我左手抱住其右小腿,右手由对手右肩上穿过反手扣其颈部并向下、向右转压,同时左手上提其右脚,右脚脚弓绊扫对手支撑腿踝关节处,使其摔倒。

实战应用:主要用于接对手的中、低边腿进攻。(图 3-1-475、图 3-1-476、图 3-1-477、图 3-1-478)

图 3-1-475

图 3-1-476

图 3-1-477

图 3-1-478

十二、过背摔

双方缠抱时,我主动以右臂由对方右肩上穿过,屈臂夹住其颈部,或从对方左腋下抱住腰背处,同时右脚上步,身体左转,以右侧髋部紧贴对手小腹,随即两腿蹬伸,向下弓腰,低头将对手背起后摔倒。

实战运用:

1. 双方相互抱缠,我突然转身使用过背摔。(图 3-1-479、图 3-1-480、图 3-1-481、图 3-1-482)

图 3-1-479　　　　　　　　　　　　图 3-1-480

图 3-1-481　　　　　　　　　　　　图 3-1-482

2. 我以右边腿攻击对方大腿,随即以右平勾拳攻击对方头部,因对手格挡防守,双方成侧面缠抱,我使用过背摔摔倒对手。(图 3-1-483、图 3-1-484、图 3-1-485、图 3-1-486、图 3-1-487)

图 3-1-483　　　　　　　　图 3-1-484　　　　　　　　图 3-1-485

图 3-1-486　　　　　　　　图 3-1-487

十三、抹脖扫腿摔

对手以右边腿攻击我大腿,我左手抱住其右小腿,右腿迅速向右前方迈出一大步,右手经对手左肩上握扣其颈部向左用力,同时左脚脚弓横扫其支撑腿踝关节处,右手、左脚发力的同时,身体用力迅速左转,使对手失去重心摔倒。

实战运用:主要用于接对手的右低边腿进攻。(图3-1-488、图3-1-489、图3-1-490、图3-1-491)

图 3-1-488

图 3-1-489

图 3-1-490

图 3-1-491

十四、右别脚切摔

双方缠抱时,我突然以右臂穿过对手左肩并夹紧其颈部,右脚插进对手右脚后,随即上体向左转,右手向左前方推切的同时,右脚向右别,切对手右脚后跟处,使其摔倒。

实战运用:对方右势站立,我突然使用右别脚切摔摔倒对手。(图3-1-492、图3-1-493、图3-1-494、图3-1-495)

图 3-1-492

图 3-1-493

图 3-1-494

图 3-1-495

十五、左别脚切摔

我突然以左臂穿过对手右肩,并搂扣其颈部,左脚迅速插上并横扫其左脚脚后跟处,同时左手用力向右握切,使对手摔倒。

实战应用(以双方左势为例,以下均同):

1.双方实战姿势对峙,我以进步左直拳佯攻对手,分散对手注意力,随即左别脚切摔对手。(图 3-1-496、图 3-1-497、图 3-1-499、图 3-1-499)

图 3-1-496

图 3-1-497

图 3-1-498

图 3-1-499

2.双方实战姿势对峙,对手以进步左直拳攻击我头部,我右手拍挡的同时,使用左别脚切摔摔倒对手。(图 3-1-500、图 3-1-501、图 3-1-502、图 3-1-503)

图 3-1-500

图 3-1-501

图 3-1-502

图 3-1-503

3.双方实战姿势对峙,对手以左低边腿攻击我左小腿,我提膝防守,抓住对手左脚落地这一时机,以左脚切摔摔倒对手。(图 3-1-504、图 3-1-505、图 3-1-506、图 3-1-507)

图 3-1-504

图 3-1-505

图 3-1-506

图 3-1-507

4.双方实战姿势对峙,我以滑步左边腿攻击对方腰部,击中对方,左脚迅速落地后,以左别腿切摔摔倒对手。(图 3-1-508、图 3-1-509、图 3-1-510、图 3-1-511)

图 3-1-508

图 3-1-509

图 3-1-510 图 3-1-511

十六、压脖抄腿摔

对手上步下蹲以抱腿摔进攻我,我迅速屈髋坐腰,重心下降,左手压其后颈部,右手托住对手左腿膝关节,左手用力下压的同时,右手上推,使对手向前滚翻倒地。

实战运用:主要用于对对手抱我单腿或双腿的反击。(图 3-1-512、图 3-1-513、图 3-1-514)

图 3-1-512 图 3-1-513 图 3-1-514

十七、勾腿前压摔

双方相互搂抱,我以两臂抱紧对手腰部,并向后拉,右腿抬起,小腿由前向后猛勾对手左小腿,同时上体前压其胸,使对手向后倒地。

实战应用:主要用于正面缠抱时。(图 3-1-515、图 3-1-516、图 3-1-517)

图 3-1-515 图 3-1-516 图 3-1-517

第二章　徒手对持械格斗技法

　　徒手对持械格斗是危险的，我们不提倡，只在不得已的情况下使用，要尽可能寻找一些可用来打击歹徒的器械。

　　谚语云："一胆、二力、三功夫"。面对持械歹徒，危险性高，需要冷静沉着，树立必胜的信心和勇气，机智灵活地运用格斗技战术，击打敌要害部位，使之丧失抵抗能力，并夺取凶器。警察在执法过程中遇到歹徒持械抗法，应依据《中华人民共和国人民警察使用警察械和武器条例》使用警械武器。

第一节　徒手对持短棍

一、抓棍踢裆

敌我态势：敌正面上左步，右手（或双手）持短棍，指向我头部，我防守反击。

动作要领：

①看清敌棍击打之路线和时机；

②立即抬两臂于头前交叉架挡，右手在上；（图 3-2-1）

③旋即右手抓住敌右手腕（或短棍），猛力向自己身体一边拉拽；（图 3-2-2）

④同时，抬右腿猛踢敌裆部或蹬膝。（图 3-2-3）

图 3-2-1　　　　　　　　　图 3-2-2　　　　　　　　　图 3-2-3

二、击头蹬肋

　　敌我态势：敌正面上右步，右手持短棍上举，欲击打我头顶，我防守反击。（图 3-2-4、图 3-2-5、图 3-2-6）

动作要领：

①判明敌棍击发的方向和时机；

②我左脚迅速向前上步，抬左臂，以小臂架挡敌右小臂，并顺势抓住敌右手腕翻拧；

③同时，出右拳猛击其头部；

④收拳的同时，抬右脚，猛蹬敌右肋部，右手夺棍。

图 3-2-4　　　　　　　图 3-2-5　　　　　　　图 3-2-6

三、架臂击腹

敌我态势：敌正面上右步，右手持短棍上举，欲由上向下击打我头部，我防守反击。（图 3-2-7、图 3-2-8）

动作要领：

①准确判断敌棍击发的路线；

②我左脚迅速前进一步，左臂上抬架挡敌右臂；

③出右拳猛击敌腹部后双手夺棍。

图 3-2-7　　　　　　　　　　　　图 3-2-8

四、翻腕踢裆

敌我态势：敌正面上右步，右手持短棍上举，欲击打我头部左侧，我防守反击。

动作要领：

①判明敌棍击打的方向和时机；

②右脚向右侧上步，右闪身，双手由里向外格挡敌右小臂；（图 3-2-9）

③左手顺势抓握敌右手腕，随之扣握，并用力翻折；（图 3-2-10）

④速抬右脚猛踢敌裆部。（图 3-2-11）

图 3-2-9   图 3-2-10   图 3-2-11

五、托肘击头

敌我态势：敌正面上右步，右手持短棍上举，欲击打我头部，我防守反击。（图 3-2-12、图 3-2-13、图 3-2-14）

图 3-2-12   图 3-2-13   图 3-2-14

动作要领：
①判明敌棍击打的方向和时机；
②迅速上左步，屈抬左臂，以小臂由里向外架挡敌右小臂；
③随即，左小臂从敌右大臂上往下圈其右肘关节，同时右手上托，别敌右肘；
④收右手，速屈肘，横击敌头部。

六、圈肘锁喉

敌我态势：敌在正面，右手持短棍，平伸，欲横打我右肋部，我防守反击。（图 3-2-15、图 3-2-16、图 3-2-17、图 3-2-18）

图 3-2-15   图 3-2-16

图 3-2-17　　　　　　　　　　　图 3-2-18

动作要领：

①判明敌棍击打的方向和时机；

②迅速向前上步，右臂下伸，以小臂由外格挡敌右小臂；

③右小臂顺势从敌右小臂下伸过，速屈肘，大、小臂紧紧夹住敌右小臂；

④随即，左脚上步，左手由敌左肩上穿过，锁敌喉部，右臂用力向后别敌右肘，夺棍制敌。

七、踹胸阻击

敌我态势：敌在正面，上左步，右手持短棍高举，欲击我头部时，我防守反击。（图 3-2-19、图 3-2-20、图 3-2-21）

动作要领：在敌上步击打我头部时，我双脚迅速后滑，抬膝收腿，侧踹敌胸腹部。

图 3-2-19　　　　　　　图 3-2-20　　　　　　　图 3-2-21

八、抓臂压肩

敌我态势：敌在正面，右手持短棍，欲击我肩部，我防守反击。（图 3-2-22、图 3-2-23、图 3-2-24、图 3-2-25）

图 3-2-22　　　　　　　　　　　图 3-2-23

图 3-2-24   图 3-2-25

动作要领：

①判明敌之意图；

②左脚迅速左前移,用右臂架挡敌前臂；

③随即,右手抓拉敌前臂；

④左脚迅速向前一步,同时用左前臂压敌左肘关节,右手夺棍。

九、抓腕击肋

敌我态势：敌右手持短棍,欲横击我头部,我防守反击。（图 3-2-26、图 3-2-27）

动作要领：

①判明敌棍击打的方向和时机；

②双臂上抬于头前交叉架挡,右手在上；

③随即右手抓住敌右手腕,猛力向身体一边拉拽。

④同时,右腿屈膝上抬猛击敌肋部,并夺棍。

图 3-2-26   图 3-2-27

十、架臂击胸

敌我态势：敌右手持短棍,欲击打我颈部,我防守反击。（图 3-2-28、图 3-2-29）

图 3-2-28   图 3-2-29

动作要领：

①判明敌棍击打之路线和时机；

②我双臂屈肘以小臂由里向外架挡敌右小臂，并用右肘猛击敌胸部；

十一、击头勾踝

敌我态势：敌右手持短棍，欲击打我右肩部，我防守反击。（图 3-2-30、图 3-2-31）

图 3-2-30　　　　　　　　　　　　图 3-2-31

动作要领：

①判明敌棍击打的方向和时机；

②右脚迅速上步，屈抬右臂，以小臂外格挡敌右小臂；

③随即，右手顺势抓住敌右手腕，迅速出左肘关节猛击敌右侧太阳穴；

④收拳同时，突然起左脚，勾踢敌右踝关节部位，顺势夺棍。

十二、踢裆砸臂

敌我态势：敌持短棍，上举，欲砸我头部，我防守反击。（图 3-2-32、图 3-2-33、图 3-2-34、图 3-2-35）

图 3-2-32　　　　　　　　　　　　图 3-2-33

图 3-2-34　　　　　　　　　　　　图 3-2-35

动作要领：

①判明敌棍击打的路线和时机；

②迅速左闪身，用右手挡抓敌右手腕；

③随即，抬右腿，猛踢敌裆部；

④继而左手抓其上臂，右手抓其手腕，用力内旋下压的同时，左膝上抬顶其肘关节，使其右手脱棍，肘关节脱臼，随之夺棍。

十三、击头压肘

敌我态势：敌右手持短棍，向左侧上举，欲砸我右侧头部，我防守反击。（图 3-2-36、图 3-2-37、图 3-2-38）

图 3-2-36 　　　　　　　图 3-2-37 　　　　　　　图 3-2-38

动作要领：

①判明敌棍击打的方向和时机；

②我左侧闪的同时，以右小臂上架敌右小臂；

③顺势抓握敌右手腕，速出左拳，击敌右侧头部；

④随即以小臂压敌右肘关节，同时右脚向后背步，使敌肘关节脱臼，弃棍降服。

十四、闪身踢裆

敌我态势：敌右手持短棍，欲击打我头部，我防守姿势站立。（图 3-2-39、图 3-2-40）

动作要领：

①判明敌棍击打的路线、距离和时机；

②速后撒半步，躲闪，在敌棍挥劈落空的瞬间，上右环绕步，右脚弹踢敌裆部。

图 3-2-39 　　　　　　　　　图 3-2-40

十五、拉肘推腕

敌我态势：敌迎面上右脚，右手持短棍欲击打我左颈部，我防守反击。（图 3-2-41、图 3-2-42、图 3-2-43）

动作要领：

①判明敌棍击打的路线和时机；

②迅速上步，用左手由里向外挡抓敌右手腕，随即以右直拳击敌面部；

③左手推敌右小臂使其成曲屈状，右手快速回拳后由敌右臂下穿过，握住我左手腕，回拉下压其肘关节，并右转体使其脱棍，敌棍落地被擒。

图 3-2-41　　　　　　　　　　图 3-2-42　　　　　　　　　　图 3-2-43

第二节　徒手对持匕首

我们不提倡使用徒手与持匕首的歹徒进行格斗，要尽可能寻找一些器械来打击歹徒，只在不得已的情况下使用徒手对持匕首格斗。下面简单介绍几种方法：

一、卷腕弹裆

敌我态势：敌迎面上前，右手握匕首，刺我面部，我徒手防守。（图 3-2-44、图 3-2-45、图 3-2-46、图 3-2-47）

动作要领：

①看准敌刺匕方向；

②我左侧闪，以左小臂由上向下格压敌右小臂；

③随之，右手速抓握敌右手，向外用力翻拧；

④同时，起右脚猛踢敌裆部，将敌制服。

图 3-2-44　　　　　　　　　　　　图 3-2-45

图 3-2-46   图 3-2-47

二、格腕别臂

敌我态势：敌右手握持匕首，高举过肩，向我头、面部刺来，我格斗姿势站立。（图 3-2-48、图 3-2-49、图 3-2-50、图 3-2-51）

动作要领：

①立即以左小臂格挡敌右手腕并顺势抓握其右手腕；

②右脚上步的同时，右手从敌右臂下方穿过，并抓握自己的左手，左手握压其肘关节成屈臂并抓握自己的右手；

③迅速弯腰，用力别压敌臂，迫其后倒并失落武器。

图 3-2-48   图 3-2-49

图 3-2-50   图 3-2-51

三、拉腕扛肘

敌我态势：敌正面右手正握持匕首，上步欲刺我腹部。我格斗姿势站立。（图 3-2-52、图 3-2-53、图 3-2-54、图 3-2-55）

动作要领：

①判明敌刺我的路线和时机；

②左手格挡敌右小臂并顺势抓握其右手腕;

③右脚上步,左手从敌右臂下方穿过并紧握敌右手腕,同时转体背向对手并将其置于我肩上,下压敌臂;

④转体时动作迅速,防敌挣脱,向下猛折其手臂,迫敌弃匕。

图 3-2-52

图 3-2-53

图 3-2-54

图 3-2-55

四、抓腕别臂

敌我态势:敌正面右手正握持匕首,上步欲刺我腹部,我格斗姿势站立。(图 3-2-56、图 3-2-57、图 3-2-58)

动作要领:

①判明敌刺我的路线和时机;

②我双手紧握住其右手腕上举敌右臂,弯腰从敌臂下跨步并转到敌身后;

③向下方猛折别敌右臂,将其摔倒。

图 3-2-56

图 3-2-57

图 3-2-58

第四篇

格斗素质训练及教学常识篇

第一章 身体素质训练

我国传统武术有句谚语:"练拳不练功,到老一场空",这说明了基本功(即身体素质)在格斗中的重要性。身体素质分为一般身体素质和专项身体素质。身体素质是指人体在进行活动时所表现出的基本能力,通常包括力量、速度、耐力、柔韧性、灵敏度等。这些素质是由机体的形态结构、机能水平、能量水平、能量物质储备情况及代谢水平等决定的,是身体机能发展水平的综合表现。任何一项肌肉活动或运动项目,都需要有一定的力量、速度和耐力基础,这些为一切肌肉活动所需要的身体素质称为一般身体素质。不同的运动项目,其肌肉活动又各有其特点,因而对身体素质的要求也各有侧重,各种专项技能所专需的身体素质又称为专项身体素质。大多数专项身体素质都是一般身体素质按不同相互关系综合训练而得的。各种身体素质的发展既可互相促进,又互为条件。良好的身体素质是身体健康、体质优良的一种表现,也是掌握各项技能,提高技能水平的基础。身体素质训练是警察体能训练中的一部分,为日后掌握各种警务技能打下基础,是最终形成良好战斗力的重要保证。

第一节 力量素质训练

力量素质是进行体育运动的基本素质之一,是具备运动技能和取得优异运动成绩的基础,也是其他身体素质发展的重要因素,对于掌握格斗技术、提高格斗水平有着重要的作用。警察在同罪犯搏斗中,除要防御罪犯的各种抵抗外,更重要的是要制服罪犯,力量在这方面起到了不可替代的作用。

一、上肢力量训练

1. 俯卧撑

动作说明:从俯卧地面支撑开始,屈臂下落至双肘关节成直角,然后用力回升成直臂支撑,身体平伸随手臂的用力做上下运动。结合格斗需要介绍以下两种方法:

①十指俯卧撑

基本动作如同俯卧撑,唯改两掌撑地为十指张开撑地,既提高肩臂力量,又提高手指的硬度和力量。练习时,一般要求快速进行,以提高训练者的爆发力。如规定在 10 至 20 秒内,尽最大努力快速完成十指俯卧撑,以数量多者为优。(图 4-1-1)

②击掌俯卧撑

基本动作如同俯卧撑,唯两臂撑起伸直的同时,突然撑地跃起,两手离地,相互击掌,以此提高两臂的爆发力,为冲拳打好力量基础。其做法也可是在一定的时间(如 10 至 20 秒)内尽最大努力完成一定数量的击掌俯卧撑,以完成数量多者为优。(图 4-1-2)

要点:以上俯卧撑均突出"快"字,以爆发力为主要目的。

图 4-1-1　　　　　　　　　　　图 4-1-2

2.卧推

动作说明:练习者仰卧在长凳上,做卧推杠铃的练习。根据练习目的介绍以下两种方法:

①如为了发展绝对力量的练习,可采用本人卧推最大重量的 60%～70% 的重量负荷,重复次数为 3 次～10 次,训练的组数以不降低重复次数为原则,每组之间的间歇时间为 3 分钟～5 分钟。

②如为了发展速度力量的练习,可采用本人卧推最大重量的 20%～30% 的重量负荷,重复次数以每次能快速推起为原则。此练习主要发展速度力量,作为冲拳的力量素质训练。(图 4-1-3、图 4-1-4)

要点:力量素质训练以隔天训练为好,训练结束后应充分放松肌肉,既有利于消除疲劳,尽快恢复体力,又可避免因力量训练引发的肌肉僵硬。

图 4-1-3　　　　　　　　　　　图 4-1-4

3.推小车

动作说明:两人一组进行练习,同伴抓住练习者踝关节抬起向前推,练习者做两臂支撑,向前爬行运动。(图 4-1-5)

此练习可以采取游戏或竞赛的形式进行。如将学生分为若干组,进行推小车的接力比赛,可激发学生的训练热情,增加训练的趣味,效果甚佳。

要点:支撑爬行者不能塌腰,推者速度不宜过快。

4.引体向上

动作要领:双手正握杠,两手与肩同宽,呈直臂悬垂。静止后,两臂用力将身体向上拉起至下颌超过横杠面上缘,再还原成开始的姿势。(图 4-1-6)

图 4-1-5

图 4-1-6

二、下肢力量训练

1. 负重深蹲

动作说明:练习者两脚开立与肩同宽,肩扛一定重量,按绝对力量和速度力量的不同练习,采用不同负荷的杠铃进行练习。如缺乏杠铃,也可采用肩扛同伴的方式进行深蹲练习。(图 4-1-7、图 4-1-8)

图 4-1-7

图 4-1-8

2. 双摆臂蛙跳(连续立定跳远)

动作说明:双脚蹬地,同时两臂前摆至体前,挺身向前上方跳起,腾空后收腹,屈腿前伸,以两脚后跟过渡至前脚掌,缓冲落地后,不停顿地连续跳。(图 4-1-9)

3. 负重登台阶

动作说明:练习者肩负杠铃,左脚踩在高约 50 厘米的木凳或台阶上,右腿支撑,左腿继续向上登离地面,并使右腿屈曲抬起,左脚落地时,右脚踩在木凳或台阶上,两腿交替进行。(图 4-1-10)

图 4-1-9

图 4-1-10

4. 矮人步练习

动作说明:练习者两腿屈曲半蹲,使重心充分下降,进行走步练习,以发展练习者腿部的力

量。此练习可集体进行,也可将学生分为若干组进行矮人步接力跑。(图4-1-11、图4-1-12)

要点:重心相对固定,不能忽高忽低,练习结束后要充分放松腿部肌肉,以防止肌肉僵硬。

图4-1-11 图4-1-12

5.腿绑沙袋练习

动作说明:练习者两小腿处均捆绑一定重量的沙袋,进行跑步、跳绳、踢腿等运动或进行各种腿法的练习。沙袋的重量可根据训练的目的而定,一般说来用于发展腿部绝对力量练习的沙袋重量重些,用于发展速度力量练习的沙袋重量要轻些。(图4-1-13、图4-1-14)

图4-1-13 图4-1-14

6.高抬腿练习

动作说明:练习者两腿交替抬腿,大腿约与地面成平行,小腿自然下垂,反复进行,越快越好。此练习可在规定一定的时间内进行。如为了发展速度力量,则练习的时间相对短一些;如为了发展速度耐力,则练习的时间相对长些。(图4-1-15、图4-1-16)

要点:抬腿要高、速度要快、身体要正。

图4-1-15 图4-1-16

三、腹肌力量训练

1. 悬垂举腿

动作说明：练习者两手正抓单杠或肋木，身体自然下垂，然后两脚并拢伸直并收腹上举，如此反复进行。（图 4-1-17、图 4-1-18）

要点：两腿要直，收腹举腿要快。

图 4-1-17   图 4-1-18

2. 仰卧起坐

动作说明：练习者仰卧。两手十指交叉抱于后脑，起坐、下躺，反复进行。此练习也可在同伴压住两腿的条件下进行。（图 4-1-19、图 4-1-20）

要点：收腹要快，动作要到位。

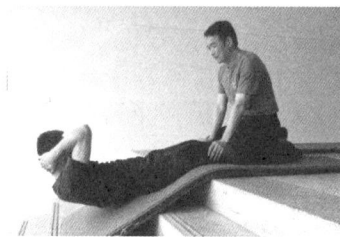 

图 4-1-19   图 4-1-20

3. 仰卧举腿

动作说明：两人一组，一人站立，两脚开立与肩同宽，练习者仰卧于地，两手向后抱住站立者的两腿，两腿伸直向上举起放下，反复进行。（图 4-1-21、图 4-1-22）

要点：举腿不能弯曲，收腹要快。

图 4-1-21   图 4-1-22

4.仰卧两头起

动作说明:练习者身体仰卧于地,两腿伸直,脚面绷紧,两手向头后平举,随即腹部用力,以臀部为支点,两腿和上体同时上举,两手拍击两脚脚面。接着腹部放松,上体和腿部下落仍成仰卧势,反复进行。(图 4-1-23)

要点:两腿上举不能屈曲,收腹要快,下落要轻,尽量不触碰到地面。

5.侧卧体侧屈

动作说明:侧卧,两手交叉置于脑后,双脚踝部固定,上体挺身起,再还原。(图 4-1-24)

要点:侧卧挺身起时,身体稍向内转,快起慢落,尽量不触碰到地面。

图 4-1-23   图 4-1-24

四、背肌力量训练

1.俯卧挺身起

动作说明:两人一组,练习者俯卧于地、两腿伸直、两手十指交叉抱于后脑,同伴两手下压于练习者的踝关节,练习者以腰为中心,上体向后挺身,随即下落仍成俯卧,反复进行。(图 4-1-25)

要点:挺身起弧度要大,用力要充分,速度要快。

图 4-1-25

2.负重背起

动作说明:两人一组,练习者背负杠铃(或杠铃片)俯卧于木马或台沿上,使上体悬空,同伴两手按压其两脚踝关节,练习者背部用力收缩,使上体向上挺起,随即下落,反复进行。(图 4-1-26、图 4-1-27)

要点:挺起要充分,动作要快速。

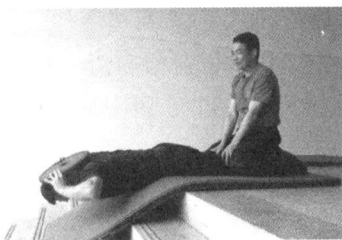

图 4-1-26　　　　　　　　　　　图 4-1-27

五、颈部肌群力量训练

1.颈部肌群力量练习可采用静力性的练习方法。练习时,站姿、坐姿均可,让同伴按住你的头部,分别向前、后、左、右四个方向推、按,你用力向其发力的相反方向抵抗,保持7～10秒钟。(图 4-1-28、图 4-1-29、图 4-1-30、图 4-1-31)

图 4-1-28　　　　　　　　　　　图 4-1-29

图 4-1-30　　　　　　　　　　　图 4-1-31

2.前滚翻

动作说明:成立正姿势,屈膝下蹲,两臂前摆,两掌撑地。含胸收头,两脚蹬地,以后脑、背部依次着地向前滚翻,随即,两手抱膝,迅速起立。(图 4-1-32、图 4-1-33)

要点:团身要圆,翻滚要快。

图 4-1-32　　　　　　　　　　　图 4-1-33

3. 后滚翻

动作说明：成立正姿势，屈膝下蹲，弯腰含胸收头，借身体后仰和两手撑力，按臀部、背部和后脑依次着地的顺序向后滚翻。随即，迅速起立。（图4-1-34、图4-1-35）

要点：团身要圆，起立要快。

图 4-1-34   图 4-1-35

4. 头手倒立

动作说明：由蹲立姿势开始，上体前倾，两手撑垫与头部成正三角形，随即蹬地摆腿成头手倒立。（图4-1-36）

要点：身体重心始终保持在支点垂直范围内。

图 4-1-36

第二节　速度素质训练

速度素质是指人体对各种刺激发生快速反应并以最短时间完成各种运动活动的能力，即机体快速运动的能力。速度素质包含反应速度、动作速度和位移速度。徒手格斗中，"快打慢"是制胜的要素，因此，速度素质历来是格斗训练的主要内容。

一、速度素质的类型

1. 反应速度

反应速度是指人体对各种刺激（声、光、触等）发生反应的快慢。如短跑运动员从听到枪声到起动之间的时间，篮球运动员在球场上对瞬间变化的情况作出的反应快慢等。它是以神经过程"反应时"为基础的。反应时短，反应速度快；反应时长，反应速度则慢。"反应时"是从给予刺激到开始发生动作之间的瞬间，它是由感觉时间（接受刺激）、分析综合时间（思维时间)和运动时间(动作始动时间)三方面组成的,是速度素质的一个生理学指标。反应速度受遗传因素影响很大,训练在很大程度上是使学员将遗传潜在的反应速度表现出来,并稳定下来。但后天的训练不能改变反应速度或只能使其产生极微小的变化。

2.动作速度

动作速度是指人体完成单个动作或成套动作时间的长短。如投掷运动员投掷器械的出手速度,跳远运动员的踏跳速度,举重运动员的抓举速度,游泳运动员的转身速度,体操和武术运动员完成成套练习的速度等。动作速度也可理解为单位时间内完成动作的数量,单位时间内完成动作数量多,动作速度则快,反之则慢。

动作速度不仅与动作技术紧密地联系在一起,而且还与力量、耐力、柔韧性与协调性等能力有关。所以,动作速度的训练与其他运动素质训练和技术训练有密切的联系。提高动作速度必须通过技术的提高与其他能力的发展才能实现。在非周期运动项目中,动作速度与动作技术关系更为密切;在周期运动项目中,动作速度与其他能力的关系更密切些。

3.位移速度

位移速度是指在周期运动中人体通过一定距离的时间,如短跑100米所用的时间。位移速度实际上就是力量、速度、耐力、柔韧性及灵敏度诸素质的综合体现。它需要经过多年的全面训练才能获得提高。

二、速度素质训练常用的方法

1.利用突然发出的信号,令学员快速做出应答反应,目的在于培养学员的反应能力。

2.利用外界助力、阻力、信号刺激提高学员的动作速度。

3.逐步缩小完成动作的空间和缩短完成动作的时间,以提高动作速度。

4.利用跑的专门练习,如小步跑、高抬腿跑、后蹬跑、车轮跑等,以改进某些环节的技术、提高动作频率、改进动作的轨迹和幅度。

5.各种爆发力的练习。

6.各种短距离跑的练习。

7.利用特定的场地器材进行加速练习,如利用斜坡跑道和固定自行车等。

三、格斗技术专项速度训练

1.位移速度训练

方法一:负重提踵。通过提高小腿、踝关节肌肉力量,提高格斗中步法的移动速度。(图 4-1-37)

方法二:单腿支撑前后滑步。通过单腿支撑前后滑步重复练习,既可增大支撑腿移动的负荷,又可提高支撑腿的速度、耐力。(图 4-1-38、图 4-1-39)

图 4-1-37

图 4-1-38　　　　　　　　　　　　　图 4-1-39

2.反应速度训练

方法一:击打反应靶练习

动作说明:习练者戴上拳套,持靶者左右手各持一脚靶,习练者与持靶者成对练姿势,持靶者通过步法的移动,不断变动双方距离的同时,给习练者喂靶,习练者根据双方距离的变化,迅速移动并做出相应、合理的技术动作击打脚靶。每组两分钟,每组间隔一分钟,练习三组。通过一段时间的练习,可提高习练者的反应速度、动作速度。

例1　左右直拳击打反应靶（图 4-1-40、图 4-1-41、图 4-1-42）

图 4-1-40　　　　　　　　　　图 4-1-41　　　　　　　　　　图 4-1-42

例2　左边腿右直拳击打反应靶（图 4-1-43、图 4-1-44、图 4-1-45）

图 4-1-43　　　　　　　　　　图 4-1-44　　　　　　　　　　图 4-1-45

例3　右蹬腿击打反应靶（图 4-1-46、图 4-1-47）

方法二:模拟实战反应靶

动作说明:习练者戴拳套,持靶者左右手各持一脚靶,持靶者通过不断移动,给练者喂靶,并在习练者击打反应靶的过程中,适时、合理地对习练者进行拳法或腿法的反击,让习练者及时地进行攻防切换,做出相应、合理的防守或防守反击。每组练习两分钟,每组间隔一分钟,练习三组。通过此练习可提高习练者在实战中的反应速度和动作速度能力,亦可提高习练者"二次进攻"能力。

图 4-1-46

图 4-1-47

例 1　（图 4-1-48、图 4-1-49、图 4-1-50、图 4-1-51、图 4-1-52、图 4-1-53）

图 4-1-48

图 4-1-49

图 4-1-50

图 4-1-51

图 4-1-52

图 4-1-53

例 2　（图 4-1-54、图 4-1-55、图 4-1-56、图 4-1-57）

图 4-1-54

图 4-1-55

图 4-1-56　　　　　　　　　　　　图 4-1-57

例 3　（图 4-1-58、图 4-1-59、图 4-1-60、图 4-1-61）

图 4-1-58　　　　　　　　　　　　图 4-1-59

图 4-1-60　　　　　　　　　　　　图 4-1-61

3.动作速度训练

方法一:橡皮筋反向牵引练习

例 1　左右直拳橡皮筋反向牵引。（图 4-1-62、图 4-1-63）

图 4-1-62　　　　　　　　　　　　图 4-1-63

例 2　左右边腿橡皮筋反向牵引。（图 4-1-64）

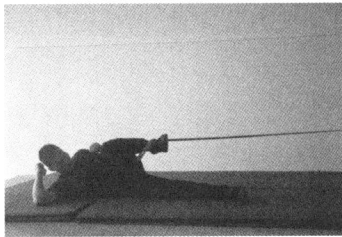

图 4-1-64 图 4-1-65

例 3　侧踹提拉腿橡皮筋反向牵引。（图 4-1-65）
方法二：腿绑沙袋练习（图 4-1-66、图 4-1-67）

图 4-1-66 图 4-1-67

三、速度素质训练注意事项

首先,速度素质训练应安排在学员身心俱佳、精力充沛、精神饱满的情况下进行。这样容易收到良好效果。一般安排在训练课的前半部分为好。制订一周计划时,速度训练应放在休息后的头几天为好。

其次,速度素质训练手段要多样化。应多采用竞赛和对抗性练习,因为适宜的兴奋可以提高速度练习的效果,练习中要注意形成正确的技术动作,避免形成速度障碍。

再次,要注意运动量、运动强度、练习次数、间歇时间的合理安排。

第三节　柔韧素质训练

柔韧素质是各种运动的重要素质之一,对于格斗技术习练者而言,尤是如此。为了保证协调地完成踢、打、摔、拿等各种武术技法,习练者必须具备良好的柔韧素质,因为提高柔韧素质,也是提高格斗技能的基础。

一、肩臂柔韧性练习

1.压肩

练习者面对肋木(或一定高度的物体)站立,距离一大步,两脚左右分开,与肩同宽,两手抓握肋木,上体前俯(挺胸、塌腰、收髋)并做下振压肩动作。也可以两人相向站立,互相扶按肩部,做压肩动作。(图 4-1-68)

要点:两臂和两腿要伸直,振幅应由小到大,压点集中于肩部。

图 4-1-68

2.单臂绕环

动作说明:

(1)向前绕环。练习者站立,左手叉腰,右手垂于体前。右臂由下向后,向上,再向前,向下绕环。

(2)向后绕环

开始姿势如(1),右臂向前向上,再向后,向下绕环。单臂绕环动作,可左右臂交替进行,也可在教练员统一口令下集体练习。

要点:臂要直,肩要松,绕环时应尽量划立圆,并逐渐加快速度。

(3)交叉绕环

两臂直臂上举,左臂向前,向下,向后;右臂向后,向下,向前;同时于身体两侧划立圆绕环。可做二八拍或四八拍后交替进行。

要点:臂要直,肩要松,动作要协调,快速完成。

二、腿部柔韧性练习

1.正压腿

动作说明:练习者面对肋木或一定高度的物体,并步站立,一腿提起,脚跟置于肋木上,脚尖勾起两手扶按膝上,两腿伸直,立腰、收髋,上体向前屈并向前、向下做振压动作。左右两腿交替进行。

要点:身体要直,振压力量由小到大,力争前额触及脚尖。

2.侧压腿

动作说明:练习者侧对肋木或一定高度的物体,一腿支撑,脚尖稍向外撇,另一腿举起,脚跟置于肋木上,脚尖勾起;两腿伸直,立腰、开髋,上体向脚尖一侧振压。左右两腿交替进行。

要点:同正压腿。

3.仆步压腿

动作说明:练习者左右两腿开立,一腿屈膝成蹲,全脚着地,另一腿挺膝伸直,脚尖里扣;然后两手分别抓握两脚外侧,也可按口令向仆腿一侧振压。左右仆步交替进行。(图 4-1-69)

要点:挺胸、塌腰、沉髋,重心尽量下降,臀部尽量贴近地面。

图 4-1-69

4. 踢腿

动作说明:

(1)正踢腿。练习者两脚并步站立,两臂握拳并举(拳眼朝上),左腿迈一小步,右腿伸直,脚尖勾起,向前向上摆踢,右脚向前,前脚掌点地落步,再向前迈一小步,左腿随即同前述右腿方法一样向上踢起,两腿交替进行。

(2)侧踢腿。要领同正踢腿,唯侧向踢腿。

要点:支撑腿要直,踢起腿要直,身体要直,幅度由小到大。

5. 劈叉

动作说明:

(1)竖叉。练习者两手左右扶地或两臂平举,两腿前后分开成直线;左腿后侧着地、脚尖勾起,右腿的内侧或前侧着地为左劈叉,反之为右劈叉。

要点:挺胸、立腰、沉髋、挺膝。

(2)横叉。练习者两手在体前扶地,两腿左右分开成直线,脚内侧着地,或上体俯卧,亦可左右侧压。

要点:同竖叉。

三、腰部柔韧性练习

1. 前俯腰

动作说明:练习者并步站立,两手手指交叉,直臂上举,手心朝上,随即上体前俯,两手尽量贴地。然后两手松开,抱住两腿跟腱,逐渐使胸部贴近腿部。持续一定时间后,再起立;还可以向左或向右侧转体,两手在脚外侧触及地面。(图 4-1-70)

要点:两腿挺膝伸直,挺胸、塌腰、收髋。

图 4-1-70

2.涮腰

动作说明:练习者两脚开立略宽于肩,两臂自然下垂。以髋关节为轴,上体前俯,两臂随之向左前下方伸出,然后向前、向右、向后、再向左反转绕环。左、右方向交替进行。(图 4-1-71、图 4-1-72、图 4-1-73、图 4-1-74)

要点:幅度由小增大,速度由慢到快。

图 4-1-71

图 4-1-72

图 4-1-73

图 4-1-74

发展柔韧练习要循序渐进,不要急于求成。练习前要充分做好准备活动,待肌肉升温后,再行练习。被动训练时,由同伴帮助按压更应谨慎,力量应由小到大,避免肌肉、韧带拉伤。

第四节　耐力素质训练

耐力素质是指机体长时间抗疲劳的能力。疲劳是训练后的必然结果,没有疲劳就没有训练,但由于疲劳又必然会使机体工作能力下降或限制机体的工作时间,因而疲劳又是训练的障碍,必须克服。运动员克服疲劳的能力,反映了他所具有的耐力素质水平。

格斗对于人体各项身体素质提出了综合性的要求,而耐力素质在各项身体素质中是占着重要位置的。散打比赛中经常看到有的运动员刚上场时生龙活虎、拳脚生风。尽管比赛开始时其战术能得到很好的发挥,但是一局后,其力量、速度大不如前,技术动作力不从心,甚至手脚都抬不起来。接下去,第二、第三局的比赛其只有挨打的份。究其原因就是耐力素质欠缺。特别是公安人员在执行抓捕的过程中,为了追捕罪犯,经常翻山越岭,穷追不舍,一旦交手,还要进行一场殊死的搏斗,要是没有奠定好耐力素质的基础,不难设想是很难完成任务的。由此可见耐力素质在格斗中的重要性。

一、耐力素质类型

耐力素质分为心血管耐力和肌肉耐力。心血管耐力又分为有氧耐力和无氧耐力。

有氧耐力通常又称为一般耐力。它是指机体在氧气供应比较充足的情况下,坚持长时间工作的能力。有氧耐力训练的目的在于提高运动员机体输送氧气的能力,促进机体的新陈代谢,为今后提高运动负荷提供前提条件。

无氧耐力通常又称为速度耐力。它是指机体在氧气供应不足的情况下,能坚持较长时间工作的能力。无氧耐力工作是在机体长时间处于供氧不足的状态下进行工作,必然产生"氧债"。机体所欠的"氧债",到运动结束后要加以偿还。所以,无氧耐力训练的目的在于提高运动员机体负氧债的能力。

无氧耐力又可分为非乳酸供能无氧耐力和乳酸供能无氧耐力。

二、耐力素质训练的目的与要求

1. 目的

耐力素质是人体长时间进行活动的能力,也可解释为人体对抗疲劳与疲劳后恢复的能力。耐力素质是人体健康和体质强弱的一个重要标志,也是警察作战、训练及完成其他警务活动的必备素质。通过发展耐力素质的练习目的是磨炼坚强的意志,培养坚忍不拔、不怕困难的品质,提高从事长时间、中等强度活动的能力(一般耐力)和长时间完成某一专门项目的能力(专项耐力)。

2. 要求

(1)培养学员正确的呼吸方法。

(2)改善神经系统的调节功能和心肺功能。

(3)无氧耐力训练应以有氧耐力为基础。

(4)根据专项要求,选择不同训练方法。

(5)磨炼意志,调控身心适应能力。

(6)循序渐进,持之以恒。

三、有氧耐力训练

1. 各种形式的长时间跑

(1)持续跑:连续不断地跑,是发展本人奔跑能力,提高耐力的重要手段。持续跑的形式有中长跑 1500m、3000m、5000m、10000m 等跑的练习,长距离越野跑,武装泅渡训练,各种越障训练等。

(2)变速跑:在规定的距离内,跑的速度按计划快、慢交替进行。不具体要求快跑段的强度、慢跑的时间,但应严格训练,注意训练效果。例如,(150m 快+80m 慢+30m 快+200m 慢+200m 快+150m 慢+100m 快+50m 慢+200m 快+150m 慢)×3 组。在实践中,根据训练个体特征针对性应用。

(3)变换训练环境的越野跑:个人或集体在公路和田野、丘陵、山地、森林、溪流、水地等野外不同环境进行的强度较小、距离较长的跑的练习。为了增加难度,提高学员兴趣,可分组负重或武装进行各种越野等技能和战术练习,提高作战能力,增加训练乐趣。形式包括自然地区跑、城市道路跑、人造障碍跑、战术跑等。

(4)间歇跑:是规定跑的距离、次数、强度和两次快跑之间的休息时间和方式的练习。一般有两种组织方式:一种是分段练习,即以练习的次数与组数安排练习,如 50m×6 次×5 组;另一种是以连续间歇的方式安排练习,如 70m 弯道＋120m(积极性)休息＋80m 加速＋120m(积极性)休息……连续 20 分钟。注意要求心率在 170～180 分/跑,120～140 分/休息。每次练习时间在 1 分～1 分半钟,时间保持在半小时左右。

(5)定时跑:在规定的时间内,做快速、慢速或变速的跑练习,也可规定跑的距离,在规定的时间内完成。定时跑是一般耐力的有氧训练方法。

2. 长时间(除跑以外的)其他周期性运动,如游泳、滑冰、自行车、划船等。

3. 长时间重复做的某一非周期性运动,如排球训练中经常做的滚动救球练习,篮球训练中的各种不规则滑动、跑的练习,擒拿格斗中的不规则的步法、拳法、膝法和腿法的组合练习。

4. 各种长时间的游戏。

5. 长时间跳绳练习等。

四、格斗专项耐力训练

1. 空击练习

方法:教练员规定动作,指令学员在规定的时间(30 秒至 60 秒)内不停顿地以最快速度重复练习。如规定组合拳的练习或拳腿配合的组合练习等。

2. 假想训练

方法:要求学员充分发挥想象,模拟赛场上实践的景象,进行攻、守的空击练习。规定 2 分钟时间内学员必须快速、竭尽全力地进行练习,每组间歇 30 秒。

3. 击打反应靶练习

方法:要求击靶者不断移动步伐,不断变化靶的位置给习练者喂靶,习练者通过步法移动,迅速做出反应,合理准确运用拳法、腿法等技术动作击打脚靶。每组 3 分钟,中间休息 30 秒,连续练习 4 组。

4. 击打沙袋

方法:不间断连续拳打、脚踢、扛抱沙袋。共 6 组,每组 1 分钟,每组间隔 30 秒。

5. 扛摔沙包假人

方法:间隔 8m,两端各放一沙包假人,练习者必须扛起沙包假人过背或过肩摔后跑步往返。每组 3 分钟,中间休息 30 秒,连续 3 组。

6. 400m 全速跑

方法:4 组,每组间隔 5 分钟。

第二章 抗击力训练

　　抗击力是指人体在对抗时,承受对方拳法、腿法击打的能力。它是对抗性运动项目特有的一种专门需要。格斗习练者要有很好的抗击力,因为格斗者在激烈的格斗对抗过程中使用拳法、腿法击打对方的同时,经常会遭受对方踢、打、摔等击打。一旦被对手的重拳、重腿击中或重摔,如果抗击能力差,倒地的自我保护能力差,不但会从心理上动摇取胜的信心,影响到格斗技术水平的发挥,而且容易因为受到伤害直接导致比赛的失败。

　　格斗者身体经常被打击的部位,如果有较强的抗击力,能使自己在遭受打击后,仍然能保持清醒的头脑,很快进行自我调整,改变不利局面,为最终打败对手提供保证。抗击力训练就是为了提高学员抗击能力和倒地自我保护能力而进行的专门性训练,是传统武术中独特的一种排打练习方式。抗击训练不仅能使肌肉结实,而且能使骨骼变得坚硬粗壮,对增强运动员的自我保护能力,减少运动员的损伤都具有积极的作用。

第一节　跌扑滚翻训练

　　拳谚"未学摔人,先学摔"的意思就是说在还没有学习摔法之前,先要学会倒地的自我保护。跌扑滚翻也称为倒功和倒地法。通过滚翻的练习,掌握倒地时身体对地面有效缓冲的技能,提高倒地的自我保护能力,避免在实战中摔伤,并可借助倒地法进行突袭性的进攻和巧妙的防守,变被动为主动。

一、滚翻练习

1.前滚翻

动作说明:呈立正姿势,屈膝下蹲,两臂前摆,两手撑地。含胸收头,两脚蹬地,后脑、背部依次着地向前滚翻,随即两手抱膝,迅速起立。(图 4-2-1、图 4-2-2)

要点:团身要圆,翻滚要快。

图 4-2-1　　　　　　　　　　　　　图 4-2-2

2.后滚翻

动作说明:呈立正姿势,屈膝下蹲,弯腰含胸收头,借身体后仰和两手撑力,臀部、背部和后脑依次着地向后翻滚,随即迅速起立。(图4-2-3、图4-2-4)

图4-2-3   图4-2-4

3.鱼跃前滚翻

动作说明:两脚开立约与肩同宽,屈膝半蹲,两手后摆。随即两脚蹬地向前上方跃起,两臂前摆,向前撑地,同时团身,以后脑、肩、背部的顺序依次着地,向前翻滚。(图4-2-5、图4-2-6)

要点:跃起要高、要远,团身要圆,滚动要协调。

图4-2-5   图4-2-6

4.抢背

动作说明:右脚在前,左脚在后,两脚交错站立,左脚从后上摆起,右脚蹬地跳起,团身向前滚翻。(图4-2-7、图4-2-8)

图4-2-7   图4-2-8

要点:肩、背、腰、臀要依次着地,滚翻要圆、快,立起要迅速。

二、倒功练习

1.前倒

动作说明:并步站立,直体向前倾倒,在将要倒地的瞬间两臂屈肘,小臂内旋,肘部微微

外展,两手置于胸前,掌心朝下,抬头收腹,挺膝提臀,以两小臂和两手掌主动拍击地面。(图
4-2-9、图4-2-10)

图4-2-9

图4-2-10

要点:着地时,全身肌肉保持一定的紧张度。

2.前扑

动作说明:并步站立,两腿屈膝略蹲,两臂在身后反臂斜举,两手心朝上,眼看下方,两脚
蹬离地面,两臂从后向下,向前摆出,身体鱼跃悬空;两手着地,撑地屈肘,随之胸、腹、大腿依
次着地。(图4-2-11、图4-2-12)

图4-2-11

图4-2-12

要点:跃起要高,落地要轻,手、胸、腹、膝相继着地要层次清楚。

3.侧倒

动作说明:两脚开立约与肩同宽,屈膝半蹲,两臂后摆,上体微前倾。随即两臂前摆,右后
转身,右腿猛向左摆,以右臂、左脚掌和体侧着地,两腿弯屈成剪式。(图4-2-13、图4-2-14)

图4-2-13

图4-2-14

要点:右腿左摆要快,摆臂、转身、摆腿要协调一致。

4.跃起侧倒

动作说明:两脚开立约与肩同宽,屈膝半蹲、两臂后摆。随即两臂前摆,两脚蹬地,向上
跃起,在右后转身的同时,左腿猛向右摆,以两手、两臂、左脚掌和体侧着地,两腿弯屈成剪

式。(图 4-2-15、图 4-2-16)

图 4-2-15

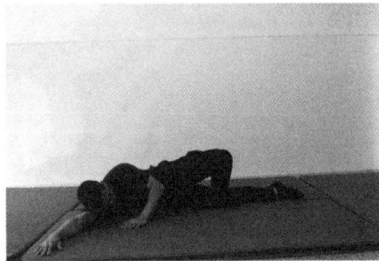

图 4-2-16

要点:跃起、摆臂要快,转身、摆腿要协调一致。

5.后倒

动作说明:两脚开立约与肩同宽,屈膝半蹲,两臂后摆,上体微前倾。随即两臂前摆,两膝向前下顶,上体后仰,同时起右腿,挺胸勾头,以臂、肩及背部同时着地。(图 4-2-17、图 4-2-18)

图 4-2-17

图 4-2-18

要点:摆臂要快,后仰、挺胸和勾头要协调一致,臀部不着地。

第二节　排打力练习

以下简单介绍几种排打功的练习方法。需要说明的是,传统武术中把排打功归为气功、硬功,是因为它是配合内气运行,促使肌肤坚硬,内气充实,以增强机体抗击能力为目的的一种练外壮内功。排打功配合意念专注受击部位,配合呼吸憋气,使受击部位肌肉保持紧张,既提高受击部位的抗击能力,又使筋皮骨肉与内在的精神气血得到同步锻炼。排打时要从上而下、从轻而重、从软而硬地量力而行,切不可乱打盲练。

一、胫骨抗击打练习

胫骨稍微被磕碰就会有很强烈的疼痛感。实战攻防中经常会磕碰到对手的肢体,胫骨是受攻击的一个重要部位,所以应特别重视对胫部硬度的练习。

1.用整束竹筷子、木棒或啤酒瓶由轻到重地敲打。

2.用哑铃在胫骨上滚动。

3.用胫骨部位击打沙袋。

4.用胫骨部位击打香蕉树。

二、拳面抗击打练习

1.拳握撑。

2.以拳面敲打木板。

3.击打沙包。

4.打墙靶(武术传统训练方法,打千层纸的练习,亦是一种打墙靶的练习)。

三、手臂抗击打练习

1.自我磕臂

两手握拳,两臂稍屈肘交叉置于体前,然后两臂上下相互碰撞。

2.相互靠臂

两人面对面站立,相距约一臂距离,两臂左右相互交换磕碰。(图 4-2-19、图 4-2-20、图 4-2-21)

图 4-2-19　　　　　　　　图 4-2-20　　　　　　　　图 4-2-21

3.小臂击树桩

面对树桩站立,以小臂桡骨、尺骨向上、向下靠击树桩(初练者可以靠击比较松软或者绑上柔软物的树桩)。

四、胸、腹、背抗击打练习

1.靠肩

以右侧靠撞为例。双方面对站立,相距一臂半距离,同时动作:左手向前下方劈掌,同时左脚向后撤步成丁步,身体左转,随转体右手自后经上向前抡劈垂于体前,左手屈肘护于右肩处,然后蹬伸左腿,重心前移,双方侧身以肩或髋相撞。右侧动作与之相同,左右转换反复做。(图 4-2-22、图 4-2-23)

2.靠背

练习者背对墙或沙包、树桩等物体,或两人以背相对,均距离约半臂。开步站立,两臂屈肘抱于胸前,用背部相互撞击。发力要沉实,重心稳定,相撞的瞬间全部肌肉紧张,以防内脏受震。(图 4-2-24、图 4-2-25)

图 4-2-22 　　　　　　　　　　　图 4-2-23

图 4-2-24 　　　　　　　　　　　图 4-2-25

3.夹肋

主要用于练习的初级阶段。练习者先以掌拳拍击自己的胸、腹、肋等部位,随着练习水平的提高过渡到借助外力的对抗性训练。

练习一:以马步站立,两手握拳、屈臂于体两侧,上抬后夹撞两肋。(图 4-2-26、图 4-2-27)

图 4-2-26 　　　　　　　　　　　图 4-2-27

练习二:以马步站立,两手前平举,立掌,双臂交叉于手腕处,双臂用力回收撞击胸部。(图 4-2-28、图 4-2-29)

4.沙袋撞身

练习者挂一重型沙袋,摆动沙袋,让沙袋晃荡撞击身体的肩、胸、腹、背等部位,以提高身体的抗击能力。沙袋撞击由近到远,分量由轻到重。(图 4-2-30、图 4-2-31)

图 4-2-28　　　　　　　　图 4-2-29

图 4-2-30　　　　　　　　图 4-2-31

5.球击胸腹

(1)两人一组,拉开适当距离,一人持球(篮球、足球或实心球)直接击向对方的胸腹等部位。被击中后接住来球并反击对方,如此轮流击打。距离由近到远,力量由轻到重。

(2)两人一组,一人仰卧于地,让同伴持球(筒球、址眯或实心球)自然下落,或由轻到重摔击对方的胸腹部,以增强胸腹部的抗击能力。落球的高度,由低向高逐渐过渡,摔击从轻到重不断增加。(图 4-2-32)

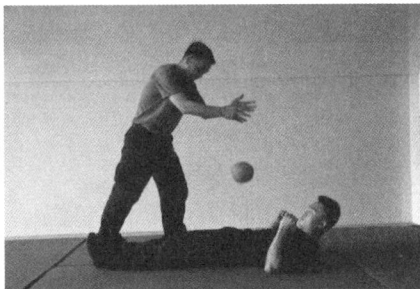

图 4-2-32

6.踩腹行走

多人按一步间隔,仰面躺下,一手护裆,一手护心窝,每人依次踩着腹部行走或小跑。(图 4-2-33、图 4-2-34)

图 4-2-33   图 4-2-34

7. 拳脚击打

甲、乙双方面对开步站立,或以马步桩相对。甲两手握拳,屈臂体前举;乙用拳击打甲胸胃及腹部,或用前臂抢击其肋部。(图 4-2-35、图 4-2-36、图 4-2-37、图 4-2-38)

图 4-2-35   图 4-2-36

图 4-2-37   图 4-2-38

甲、乙双方侧面或面对站立,甲两臂屈肘握拳举于体前,或五指交叉抱于脑后;乙可分别用横踢腿、侧弹腿和蹬腿等方法踢打甲的胸、胃、腹、背、肋部。(图 4-2-39、图 4-2-40、图 4-2-41)

图 4-2-39   图 4-2-40   图 4-2-41

五、头部抗击打练习

两人相对站立,戴拳套,用直拳、摆拳、勾拳等各种拳法击打对方头部各个部位,交替进行。此练习可以随着抗击能力的不断提高而改戴薄轻的拳击套或不戴手套击打。击打时两人配合要协调,动作力量由轻到重,循序渐进,被击者思想一定要集中。闭唇、咬牙、舌抵上颚,保持被击部位适当紧张。(图 4-2-42、图 4-2-43)

图 4-2-42   图 4-2-43

第三节 防护强化练习

防守技术是格斗中非常重要的组成部分,是敌我双方在剧烈对抗中有效化解对方的各种攻击,保全自身战斗力的重要手段,是搏斗双方决定胜败的关键因素,是人民警察执法过程中防身抗暴必备的技能,是习练者特别重要且最不易掌握的主要内容。

一、头部防守强化训练

头部是人体的要害部位,有大脑、小脑等重要神经中枢,是对手攻击的主要目标,头部遭重击瞬间会失去战斗力,严重可致昏迷、休克、甚至死亡。格斗实战中头部防守较弱的选手往往在近距离实战对抗中因惧怕头部遭到重击,忙于应付头部的防护而陷于被动,不能有效发挥自己应有的技战术水平,在双方近距离较技较力的阵地战中处于劣势,最终导致失败。所以,头部防守能力的训练至关重要。

方法①:习练者格斗式站立背向墙面,处于无法后退的情况下,喂招者用轻快的力量,有节奏、实战意识强的各种单一或组合拳法攻击习练者的头部、胸部、腹部,习练者及时、准确利用格挡、拍挡、阻挡、躲闪等防守技术尽可能化解对方的攻击,并根据训练程度适时给予适当的拳法反击。要求习练者在防守过程中尽量不眨眼、闭眼,保持好格斗姿态。这是强化习练者头部防守技术,反应速度及判断能力的一种专门性训练。每组练习 1 分钟,每组间隔 1 分钟,每次 3~5 组。通过一段时间训练逐渐适应对手攻击技术特点并较好完成头部的防守后,再替换不同的陪练者进行拳法攻击头部喂招训练,使习练者尽可能多地适应不同对手拳法的力量、速度、节奏、路线、组合动作及假动作等。

方法②:习练者击打拳法反应靶及拳法防守。即习练者全神贯注击打反应手靶时,持靶者以符合实战情境、非固定模式的各种拳法,利用时间差等寻找时机进行反击,训练习练者及时、准确做出合理的防守,是一种强化习练者在进攻对方时自身头部的防守意识和能力的针对性训练。每组 2 分钟,每组间隔 1 分钟,每次 3 组。

方法③:习练者穿戴好头盔,以行进间前进的方式防守陪练者使用各种拳法对自己头部的攻击,并在防守过程中择机前进,靠近对手,并适时做出相应、及时、合理的拳法反击。行进间 15 米往返一组,一组后交替练习,每次 3 组。此训练可较好地解决选手在拳法对抗击中头部习惯性后仰、畏拳等问题。

通过以上三种方法练习,可强化习练者在实战对抗中拍挡、格挡、阻挡、躲闪等头部防守技术的应用,克服习练者在实战对抗中畏拳、眨眼、闭眼、后仰、手臂习惯性下垂等问题,提高头部防守的反应速度及判断能力,使习练者养成在格斗实战对抗中攻中有防,攻防兼备,防守积极,善于捕捉时机反击对手的能力。以上练习需在习练者已基本掌握头部防守技术的基础上,为了进一步提高习练者在实战对抗中头部的防守能力而进行的一项专门性头部防守强化训练。

二、抗摔强化训练

对抗双方在实战的过程中极易形成贴身纠缠搂抱姿态,熟练掌握并较好的运用贴身摔技术是对抗双方获取最后胜利的关键因素,是克敌制胜的重要手段。格斗中摔倒对手,可使对手处于不利、被动的状况,甚至可摔伤对手致其倒地不起,失去抵抗能力。相反,拥有较好的抗摔能力,不但不易被对手摔倒,而且还可极大消耗对手的体力,使自己处于相对有利的状况。

方法①:体重大致相同的两人一组,戴上拳套,相互搂抱进行互摔,抗摔练习,不限时间,直至一方把另一方摔倒再重新开始。每次练习 30 分钟,每周二次,并适当更换对手。

方法②:5~8 人一组,通过打擂的方式进行抱缠互摔训练,任选 1 人当擂主,其他选手轮流与擂主进行摔法对抗,直至擂主被某一选手摔倒产生新的擂主,以此类推,持续练习 45 分钟。

方法③:两人一组,穿戴好拳套、头盔,双方通过拳法、摔法实战对抗练习。每组练习 3 分钟,每组间隔 1 分钟,练习 3~5 组。

习练者在已掌握多种贴身摔法的基础上,通过以上三种方法练习,可提高习练者抱缠时肢体的控制能力、双方重心变化的感知能力,以及双方抱缠时双手如何有利地控制对方肢体的部位、方法等。训练如何通过脚步的移动、重心的调整、手法的变化、捕捉发力的时机,灵活运用各种摔法,同时提高抗摔、反摔能力。

三、接腿摔强化训练

接腿摔是格斗中一项重要的防守性技术,熟练掌握接腿摔技术能有效压制对手的腿法进攻能力,限制对手技战术的运用,给对手心理造成压力,为自己在对抗中赢得主动。

方法①:5 人一组,体重大致相同,1 人练习,其余 4 人依次以某种指定的腿法快速攻击练习者指定的某个部位,让练习者接腿快摔,可抗摔。每人练习一遍后换下一位,每个摔法每人轮流练习 3 遍。

方法②:5 人一组,体重大致相同,1 人练习,其余 4 人依次以某种指定的腿法快速攻击练习者不同部位,让练习者接腿快摔,可抗摔。每人练习一遍后换下一位,每个摔法每人轮流练习 3 遍。

方法③：5人一组，体重大致相同，穿戴护具，1人练习，其余4人依次以规定范围内任意一种腿法攻击习练者，让习练者接腿快摔，可抗摔。每人练习一遍后换下一位，每人轮流练习3遍。

方法④：习练者穿戴护具、拳套，陪练习者左右手各持一脚靶，陪练者通过不断移动，模拟实战状况给习练者喂靶，并在习练者快速击打反应靶、组合靶的过程中，适时、合理、出其不意的给予习练者相应腿法的反击，让习练者准确、及时做出相应的接腿摔。每组练习2分钟，每组间隔1分钟，练习3组。

四、步法强化训练

实战对抗中，灵活快速的步法是捕捉战机，把握住时间差有效进攻对手的重要保证，是化解对手凌厉攻击的法宝，是实战中保持主动权、控制节奏的关键。

方法①：两人一组，双方保持实战距离，一方通过各种步法尽可能地破坏双方的距离，另一方及时、迅速做出相应的移动，尽可能保持原先的实战距离。每组2分钟，休息1分钟后互换，各3组。

方法②：通过单腿支撑前后滑步，另一摆动腿做相应点踢固定物，30′一组，左右脚交替练习，各5组。

五、综合防守及反击强化训练

方法①：隔空对抗练习，两人一组，不戴护具，进行不接触攻防对练，一方使用各种拳、腿组合等进攻对方，另一方根据对方的进攻动作及时、准确、合理地做出相应的不接触攻防。每组2分钟，休息1分钟，两方攻防互换，各3组。

方法②：假想空击训练，习练者想象面前有一对手，想象对手的各种进攻方法，习练者有实战意识的进行相应的防守、反击，习练者想象攻击对手或假动作佯攻对手时，对手相应防守或反击，习练者再做出进一步进攻或防守反击。每组2分钟，休息1分钟，共3组。

方法③：模拟实战反应靶，习练者戴好头盔、护具、拳套，持靶者左右手各持一脚靶，持靶者通过不断移动，给习练者喂靶，并在习练者击打反应靶的过程中，适时、合理地对习练者进行拳法或腿法的快速攻击，让习练者及时地进行攻防切换，做出相应、合理的防守或接腿摔等。每组练习两分钟，每组间隔一分钟，练习三组。通过此练习可提高习练者在实战中的反应速度、判断力和攻防转换能力，亦可提高习练者"二次进攻"能力。

方法④：打反应（打点），两人一组，都穿戴好头盔、护具、拳套，进行实战性对抗。实战中要求两方以打点数为主，以打反应为出发点，尽可能在快速击中对手时控制好击打力度，不以击伤对手为目的，在一方已处不利、被动情况下仅做象征性攻击。实战对抗的节奏、对抗烈度、由双方根据实战情况自行调节。每组练习3分钟，休息2分钟，每次3组。

第三章　心理素质训练

谚语有云:"艺高人胆大,胆大艺更高",这句话高度地概括了心理素质与格斗攻防技术两者相互影响的关系。心理素质是指格斗者在实战中的一系列心理活动和诸种行为的外在反映。实战中心理素质和格斗攻防技术两者相辅相成。具备熟练的攻防技术对格斗者的心理素质有促进作用,反过来,良好的心理素质又是实施攻防技术的有力保证。因此,较好的心理素质对于有效地发挥技击技术,取得格斗的胜利具有极为重要的意义。

一、心理素质训练的意义

格斗者不仅要有良好的身体素质,还必须具备良好的心理素质,而且良好的心理素质往往是取得实战胜利的关键。心理技能训练是提高格斗者心理素质的重要途径之一,是现代运动训练系统不可缺少的一部分,它影响、制约着运动员身体、技术、战术水平的提高和发挥,可促进训练者心理过程的不断完善,形成专项运动所需要的良好个性心理特征,获得高水平的心理能量储备,使训练者的心理状态适应训练和比赛的要求,为达到最佳竞技状态和创造优异成绩奠定良好的心理基础。

在格斗实战中,敌我双方不仅要互相制约,而且要互相利用,这时的活动,除了受自身对自己的影响外,对抗双方还有着心理上的交锋,这是格斗的重要特征。具备良好心理素质,不仅可以在对抗中充分发挥自己的技、战术水平,同时还可以利用自己的心理优势去影响和控制对方。

日本"空手道之父"大山倍达曾经说过:"单纯肌肉训练的时代即将结束,人体器官的负担能力已经达到极点,技术也不会给运动带来什么好成绩,只有人的大脑还空在那儿,没有充分利用。"因此,心理技能训练显得至关重要。

二、心理技能训练方法

1.目标设置训练

目标设置是指对动机性活动将要到达的最后结果进行的规划。目标设置直接关系到动机的方向和强度。正确、有效的目标设置可以集中人的能量,激发、引导和组织人的活动,是行为的重要推动力量。目标设置应把握以下这些原则。

(1)长期目标和短期目标相结合

不想当将军的士兵不是好士兵,不想拿冠军的运动员不是好运动员。一般来说,每个运动员都会有自己长期的目标,但是许多运动员却不善于将他的长期目标分解为中期、短期的目标。如果简单地制定长期目标,有些运动员由于对自身的身体条件、训练水平以及潜在对手等方面不甚了解,不仅容易使自己感到实现目标遥遥无期,丧失自信心,而且可能最终慢慢丧失拼搏的动力。所以将长期目标转化为短期目标的过程是长期维持高的动机水平和自信心的关键。一般来说,短期目标最有效,对人的行动最容易产生驱动作用。

(2)目标应具体化

明确、具体、可进行数量分析的目标对于激发动机最有效,模糊的、无法进行数量分析的目标则少有激发动机的作用。许多实验表明,设置具体的、可测量的目标会比仅设置一般性的目标产生更大的动机推动作用并取得更好的成绩。如我校规定散打特招生的学习成绩以比赛成绩作为依据,并规定各位散打特招生每年必须获得省赛前三名或全国赛前八名方可正常升级,否则给予留级,对成绩突出的给予立功、推荐就业等。这些能有效让每位学生明确具体化目标,创造好的成绩。

(3)确定现实目标

现实目标是指通过艰苦努力可以达到的目标。富有挑战性的、困难的,但经过努力完全可以达到的现实目标,对于激发动机更有效。过高的目标会使人怀疑自己、产生挫折感甚至放弃努力,而过低的目标又不能充分激发人的潜力,因此要设立难易适中的目标。

(4)确定任务定向目标

任务定向是强调纵向的自己与自己相比,注重个人努力,以掌握技能、充分完成目标为目标的心理定向。它有助于内部动机的维持和提高。自我定向则是强调自己和他人横向的相比,注重社会参照,以超过他人为目标的心理定向。单纯的自我定向,往往对运动员的内部动机有损害作用。因此每位散打运动员要设置任务定向的目标。

2.放松训练与暗示训练

放松训练是以暗示语集中注意力、调节呼吸,使肌肉得到充分的放松,从而调节中枢神经系统兴奋性的过程。它是一种非常重要的心理技能训练方法,也是多种心理技能训练的基础,如表象训练和系统脱敏训练之前先要进行放松训练。目前普遍采用的是渐进性放松方法、自身放松方法和中国传统的以深呼吸和意守丹田为特点的松静气功等三种放松方法。它可以降低中枢神经系统的兴奋性,降低由情绪紧张而产生的过多能量消耗,使身心得到适当休息并加速疲劳的恢复,为进行其他的心理技能训练打下基础。

暗示训练是利用言语等刺激物对人的心理施加影响,进而控制行为的过程。体育心理学的研究表明,自我暗示能够提高动作的稳定性和成功率。在放松训练之后进行自我暗示训练可以取得良好的效果。对于要参加比赛的散打运动员来说,不仅要学会放松肌肉,保持兴奋和抑制的平衡状态,还要调动全身心的潜能,更好地进入竞技状态即处于精神振奋和神经肌肉的积极状态,然后可转入自我动员。自我动员的暗示语可以是"我的整个身体得到了很好的休息""我身心充满了力量""我一定可以战胜对手"等等。反复练习几次之后,会感到身体轻松,精神振奋,接着可再结合准备活动,使机体进入高度积极状态,随时准备投入比赛。

3.表象训练

表象训练是体育运动领域最为普遍的一种心理技能的训练,被视为心理技能训练的核心环节。它是暗示语的指导下,在头脑中反复重现某种技术动作或运动情境的形象,从而提高运动技能和情绪控制能力的过程。表象训练有利于建立和巩固正确动作的动力定型,有助于加快运动训练和加深动作记忆。训练或比赛前对于成功动作表象的体验可增强战术意识,对技术动作的控制将起到动员作用,使运动员充满必胜信心,达到最佳竞技状态。

对于格斗项目,进行表象训练的主要目的之一,是巩固已掌握技能的动力定型和强化战术意识及形成良好的准备状态。运动员可以在每次训练课后或晚间休息时,排除干扰,进行放松练习,然后对某些技术动作进行表象或战术模拟"演练",以强化和加深对动作的印象。另外还可以在头脑中想出一至数个自己认为训练时最成功的图像,并尽可能持久地保持这一图像,使它在头脑中能很清晰地呈现出来。散打运动员如果经常进行表象训练,当他走上竞技场时,自然会在恰当的时机,自如地施展出这些印象深刻的动作,从而制敌取胜。

4. 模拟训练

模拟训练是针对习练者在实战对抗中可能出现的情况或问题进行模拟实战的反复练习的过程。它的主要作用在于提高格斗习练者对实战对抗应激情境的适应能力,在头脑中建立起合理的动力定型结构,以便使技术、战术在千变万化的特殊情况下得到正常发挥。模拟训练的内容应尽可能与格斗实战对抗的情况相似,从而提高应付各种情况的能力。

模拟训练可分为实景模拟和语言图像模拟两类。实景模拟是设置逼真的实战的情境和条件让训练情景和正式实战格斗时一样。包括模拟对手可能采用的技术、战术,赛场上可能出现的意外情况,比赛的天气、场地,观众的行为等。例如,针对对手技术的模拟训练,可以让陪练员模仿对手的技术风格、战术特点等来进行模拟实践或根据对手的技术特点进行针对性喂招训练来提高习练者在实战中的适应能力。

语言图像模拟是利用语言或图像描述比赛时的情境。例如,描述对手的行为和自己的行为,通过电影、录像及录音等来呈现对手的特征和实战的气氛等,以便使习练者形成对实战格斗情况的先期适应。

综上所述,学员的心理技能训练要长期地、系统地进行训练才能获得和提高。学员要积极配合并和专项训练相结合。对学员进行心理技能训练还应追求迁移的效果,即不仅使学员对格斗实战情境中的心理调节能力得到提高,而且对其他情境中的其他问题的应对能力也得到提高。心理技能训练最终的目的是使学员在格斗中勇敢面对一切困难,及时、准确地调整自己的心理状态,稳定发挥自己的技战术水平。

三、优秀格斗手应具备的心理特征

1. 机智灵活

谚语云:"两强相遇,智者胜"。这说明了在双方旗鼓相当的情况下,谁智胜一筹,谁就有可能掌握格斗的主动权。足智多谋的"谋"是指格斗者分析、判断、总结等方面的智能思维的较量。它包括战前思维方式及战中心理活动等方面智力技能运用,是克敌制胜的主观因素。

交手双方能否通过对一拳一腿的合理分析,准确判断出对方在技战术上的薄弱环节,从而发挥出自己与其相对应的技战术上的特长,即用己之长,克敌之短,机智多变地调整适应自己的技战术,使技术与战术得到密切配合,用自己的心理优势克敌心理不足。一个优秀的格斗习练者除具备较好的体魄和技术外,还必须高度重视心理技能训练。

2. 勇敢顽强

谚语云:"两兵相遇,勇者胜"。这表明胆略在格斗中具有重要作用。敌我搏杀,情况瞬息万变,随时可能出现克敌制胜的战机,也可能出现一招不慎全盘皆输的危机。这就要求格斗手具有超人的胆略,面对错综复杂的形势,能迅速做出决定,坚决付诸实施。

格斗过程中,既要勇敢无畏,又要心细如丝。不要考虑对方的容貌有多凶,身材有多大,实力有多强,不要被对方的行为所压倒。对手进攻我则严阵以待,坚决反击;对手防守我则寻找对手的弱点,伺机发起进攻。要智勇结合,巧妙对策,争取主动,避免出现盲目的勇猛。

3. 信心坚定

信心是格斗者心理素质之本,是格斗者取得胜利的精神支柱。信心坚定的人相信自己的力量,对于所出现的任何困境都能产生高度的适应性,从不表现出灰心、失望、放任自流等软弱行为。

战场上,信心坚定的人不会因一次失利或失败而使自身的战斗力有所减弱,更不会因长时间的格斗而丧失夺取胜利的信念。在必胜心理的支配下,格斗者始终保持着士气高昂的精神状态;在必胜心理的支配下,格斗者爆发出的异乎寻常的力量则可以扭转败局。

第四章　格斗教学原理

格斗技术教学和其他体育项目教学一样,既有体育的特点又有教学的性质。因此,格斗教学必须以教育学和体育理论为指导,遵循运动技能的形成规律和人体机能运动变化的规律。格斗教学除具有体育教学的共性特点,即有目的、有计划地向学生传授各种技术技能,使学生通过身体的反复练习,并与思维活动相结合,掌握这些技能外,在教学实践中还逐渐形成了自己的教学特点、适合本项目特点的教学阶段与步骤及独特的教学方法与手段等。

第一节　格斗的教学原则

一、教师的主导作用和学生的主动性相结合原则

格斗的教学过程,实质上就是教师教和学生学的过程,教和学是两个相互统一的整体,只有充分发挥学生和教师双方的积极性,才能圆满完成教学任务。而教师与学生积极性的发挥,既是相互独立的,又是相互依存、相互影响和相互促进的,但起主导作用的是教师。教师在教学的过程中,应充分发挥其自身的积极性和创造性,根据自己对格斗的理解和亲身体验,结合运用科学的教学方法,使学生尽快地掌握格斗的基本知识和技能。同时,作为学生在学习中,要在教师"言传身教"和启发教育下,明确学习格斗的目的,提高练习格斗的兴趣,从而认真主动地进行学习和练习。只有在充分发挥教师和学生双方积极性的情况下,才能完成好格斗的教学任务。

二、直观性原则

直观性原则是在教学中综合利用学生的各种感官和已有的经验,运用直观方式丰富学生的感性认识和直接经验,使学生获得生动的形象,从而掌握所学的知识、技术和技能。

三、循序渐进原则

格斗的技术方法和实战训练是多种多样的,在教授学生学习时,要根据学生的具体情况和目的需要,由简单易学和基础性基本技术开始,渐向综合和高难过渡,使学生能够在由浅入深、从简到繁、由易到难的循序渐进的学习过程中,逐步学习掌握和理解运用所学的散打技术和战术,进而过渡到真正的实战对抗。

四、系统性原则

系统性原则主要体现在学习内容和学习过程中。一名优秀的格斗选手,从他开始接受格斗训练,到他成为优秀的搏击手,他学习的每一部分技术、战术,以及学习中积累的经验,都是一步一步地、系统地学习形成的。这就要求教师在教学时,根据学生的具体情况,结合所学内容,系统而有计划地安排好不同学生、不同时期、不同目的的学习。教法上可采用多种形式的教学手段、利用多种辅助学习和练习方法,系统、有序地进行格斗教学。在教技术的同时,也要相心地根据所学技术,进行理论教学,使理论和技术同样体现出系统性。这样,学生就会系统地掌握技术和理论,为学好、练好格斗技术、战术,提高格斗技能打好坚实可靠的基础。

五、巩固和提高相结合原则

学习的过程,既是学习掌握新技术、战术的过程,同时也应是复习提高所学的过程。即使是最简单的直拳进攻技术,如果不进行反复练习,就不能在实战中很好地运用出来。巩固与提高相结合原则,是根据认识规律和运动技能形成的规律总结出来的,是学生学习知识、掌握技能的重要环节。掌握和巩固所学技术、战术也是学生学习新的技术、战术的基础,是学生熟练地运用所学技术、战术的基本条件。所以说,巩固和提高相结合,是学生丰富学习内容必不可少的原则。只有在充分理解和掌握所学技术、战术的基础上,进行新的技术、战术学习,才能达到巩固提高的目的。

第二节　格斗教学的特点

一、格斗教学的基本特点

格斗是一项激烈的对抗性运动,只有了解格斗教学的基本特点,遵循格斗教学的独特规律,才能不断提高教学质量。

1.以德为本,贯穿始终

武德是从事武术活动的人在社会活动中所应具有的道德品质和行为准则。"未曾学艺先学礼,未曾习武先习德"。格斗教学不仅是增进健康、培养一定格斗技能的过程,而且是陶冶情操、培养高尚道德品质的有效手段。教师首先要对自己的言行严格要求,不仅要有高尚的武德和精湛的业务能力,且更要在教学中善于了解学生的心理活动,有针对性地进行武德教育,以不断培养学生良好的道德品质。尤其在当前改革开放和社会主义市场经济条件下,武德教育应紧密结合当前社会主义精神文明建设,赋予它鲜明的时代特征,寓武德教育于社会规范中,使学生进一步明确学习的目的和意义。通过"练武、习德"不断培养学生尊师重教、讲礼守信、见义勇为等高尚的道德情操;教育学生以弘扬民族文化、传承民族传统体育项目为己任,为提高全民族的素质而努力学习。

2.动作规范,注重实用

格斗技法丰富,在实战中更是变化多端。但是无论多么复杂的动作,都是由最基本的技术动作组成的。格斗是克敌制胜的有效方法,也是实战经验的总结。因此,在学习格斗技术时要注重动作的规范性,严格动作运行路线、技术要领、发力特点、着力部位等,做到路线明、方法清、力点准、发力顺,一丝不苟。对错误动作和方法一定要不厌其烦地进行纠正,尤其对于初学者更要严格规范动作,否则一旦形成错误的动作定型就很难纠正。

实战对抗是格斗的本质特征。为此,教师在教学过程中必须从对抗性的特点出发,不仅要注重动作的外在表现,而且要注重动作的实用性,使学生明确每一个技术动作在实战中的应用价值。在教学中,必须紧紧围绕实战的变化规律和特点进行教学,避免技术练习与实战运用脱节;学生练习时要引导他们仔细体会每一个技术动作在实战中的不同用法,以提高动作的实效性为主要目的。总之,强调实战的运用效果是检验动作规范的主要依据,也是要求技术规范的最终目标。

3.以点带面,触类旁通

谚语云:"不怕千招会,就怕一招熟"。这句话的意思是:学习技术不要只求多,更要求精,要有自己最熟练、最独特的"一绝",才能给对手一种威胁,一种震撼。虽然格斗的技术内容相当丰富,不同的技术方法在实战中有着不同的表现形式和功能,但在实战格斗中,培养练习者的进攻、防守及反击的战术意识和应变能力,提高对时机、时间差、距离感的把握能力,培养克敌制胜的智力和心理品质等方面却是相同的。通过一些简单实用的方法进行练习和实战,不仅可以使练习者提高兴趣、集中注意力、降低心理压力,而且有利于重点技术的熟练和提高,有利于战术意识的形成,进而减少或避免伤害事故。随着教学进度的不断深入,学习者在实战中运用技、战术的能力不断提高以后,再逐渐丰富攻防技术方法,以期全面掌握格斗技术中踢、打、摔等技法。

"以点带面,触类旁通"的教学特点,其核心是在教学的初级阶段要抓基本、抓重点、抓规律、抓共性,举一反三,一通百通。切勿一开始就面面俱到,贪求快反而没了核心,没了重点。待学习者基础牢固了,深度有了,再从广度和数量上发展。

4.双人配合,贴近实战

格斗是两人的对抗性项目,双人的配合练习是提高散打技、战术的有效途径,也是重要的练习形式之一。双人配合练习的形式多样:有攻防技术练习、打靶练习、"喂招"练习、条件实战等,配合练习要注意根据课目的任务以及技、战术的具体要求有计划地安排。尤其值得注意的是,格斗是以克敌制胜为主要目标,"攻、防"矛盾是格斗的主要矛盾。因此,提高对方在进攻和防守中对技、战术的运用和应变能力是双人配合练习的主要意图。在平时的练习中,一定要教育学生树立"为对方服务"的良好品质,从对方的实际水平出发,无论是动作的速度、力度,还是动作变化的难易程度,都要以对方的最佳适应性为度,否则是难以收到最佳练习效果的。

二、格斗教学的注意事项

由于格斗是运用踢、打、摔的方法全方位进行攻击的激烈对抗性项目,运动损伤时有发生。因此,尽量减少和杜绝伤害等事故是格斗教学课中的主要任务之一。教师要经常对学生进行安全教育,要严格课堂常规管理,要求学生严守课堂纪律。在练习时使学生明确练习的目的和任务、方法和要求。无论是教学的组织还是采用的练习形式和方法,都要落实安全措施,如:认真检查场地器材;充分做好准备活动;在双人配合练习时要严格按照老师的要求进行,杜绝"求胜和怕吃亏"的心态,严禁动怒、斗狠。在条件实战或实战时,要合理安排配对的对手等。

第三节 格斗教学的阶段和步骤

一、格斗教学阶段的划分

教学过程是学生在教师的组织和指导下,通过教学活动掌握知识、技术和技能的过程。由于格斗的激烈对抗性,决定了格斗教学必须从实战出发,使初学者在反复实践中掌握和提高技能。格斗教学可分为三个阶段:

1.初步建型阶段(泛化阶段)

这一阶段的主要任务是使学生对动作有初步的了解,取得感性认识,粗略地掌握动作。对一项新的技术内容,通过教师的示范、讲解等,先形成一个粗略的概念,并在教师的指导下进行练习,初步形成有关动作的表象。

在这一阶段,学生大脑皮质的活动处于泛化阶段,学生尚未形成完整的动作定型,动作表现紧张不协调,容易出现多余动作等。因此,教师在教学过程中不应过多地强调动作细节,应抓住动作的主要环节和学生要掌握动作中出现的主要问题进行教学。讲解要简练,示范要正确,要从不同部位、不同方向,让学生看清动作的起止路线、动作力点、击打部位等,达到初步掌握动作的目的。通过击打手靶、脚靶练习,进一步巩固技术动作。

2.配合运用阶段(分化阶段)

这一阶段的教学主要是使学生巩固正确的动作,提高动作的协调性和质量,并在教师的指导下,通过二人在有一定条件的限制下进行配合练习,不断提高对技术动作的运用能力,包括对时机、距离、空间的判断能力、应变能力等,逐步培养进攻、防守和反击的实战意识。

在不断的练习过程中,初学者对运动技能的内在规律有了初步的了解,一些不协调和多余的动作也逐渐消除。这时大脑皮质的活动由泛化进入了分化阶段,大部分错误动作得到纠正,能比较顺利地、连贯地完成动作,初步建立了正确的动作定型。但定型尚不巩固,遇到新异刺激,多余动作和错误动作可能重新出现。因此,教师在教学中应抓住学生存在的主要问题,反复强调、反复练习。对错误动作的纠正,可采用对照和综合分析的方法,适时进行"喂招"和"引招",帮助学生体会动作细节,促进分化抑制的进一步发展,使动作日趋准确,并结合技术分析,提高对动作技术的理性认识。

3.实战提高阶段(巩固和自动化阶段)

通过进一步的反复练习,已经建立的条件反射不断巩固,建立了良好的动作定型,大脑皮质的兴奋和抑制在时间和空间上更加集中和精确。此时不仅动作准确、熟练,有较好的协调性、连贯性,而且随着运动技能的巩固和发展,暂时练习达到非常巩固的程度后,动作可出现自动化现象。这对于格斗打技能的提高是非常重要的。格斗中情况是瞬息万变的,动作的自动化可使第二信号系统的活动摆脱第一信号系统的束缚,专注于战略、战术的变化,及时捕捉战机。

这一阶段主要是通过各种条件实战和实战的形式,进一步提高动作的稳定性和自动化程度,提高动作运用的实效性,以培养学生在各种条件下运用动作的应变能力。在教学中教师可根据不同的教学意图和目的,有针对性地采用不同的个体配对实战,如按体重级别、技术状况进行配对,使学生尽快熟练技术并不断提高质量。

值得注意的是,在动力定型达到一定程度后,仍要继续强化练习,使动力定型更加巩固,否则巩固了的动力定型还会消退。在此过程中,教师应对学生提出更高层次的要求,加深理性认识,对动作要精益求精。

在格斗教学中,运动技能的形成过程并不是截然分开的,而是逐渐过渡的,各过程的出现和持续时间的长短,受许多因素的影响,既与教学方法、训练水平有关,又与学生学习的积极性和目的性有密切关系。教师要善于在学生掌握动作技能形成的不同阶段,选择并采取有针对性的教法和练习手段,促使运动技能尽早形成。

二、格斗教学的步骤

1.学会动作

学生首先在教师的指导下初步学会动作,对动作的运行路线、发力顺序、击打力点等有一个感性认识。这时学生的条件反射刚刚建立,尚不巩固,教师在教学中不要过多强调动作细节,要抓住技术的关键,多运用示范讲解等方法帮助学生对技术动作有一个初步体会。

2.强化体会技术及用力技巧

在初步掌握动作之后,教师要引导学生认真体会动作要领和用力技巧,消除多余动作,帮助学生不断改进动作细节,尽量避免动作的预兆,使动作做得更加协调、完整和准确,并通过反复练习,不断强调攻防意识,强化条件反射。可从原地练习技术动作过渡到行进间练习技术动作。

3.配合运用

在初步建立正确的动力定型之后,为了达到进一步强化和巩固的目的,必须有针对性地进行两人配合练习,要根据不同的教学阶段和目的提出不同的条件限制,从单个技术到组合技术、从单一战术到复合战术的运用,包括用力的大小、速度的快慢等一定要适度,一定要符合对方的能力和水平,循序渐进。任何过高或过低的条件限制都不会达到最佳的教学效果。

4.条件实战

在对动作有了一定理解和掌握后,可在一定限制条件下进行两人的实战练习。如,在限制后手拳使用的情况下进行拳法实战训练。条件实战要根据学生的实际情况和练习的目的选择相应的实战内容。在不同的条件下,培养学生对不同的技术、战术的理解和运用能力,培养对距离、时机、空间的精确感受和把握能力,培养在有条件限制的实战中特有的反应能力、应变能力和抓捉战机的能力,进而为完全过渡到实战打下良好的基础。

5.实战

实战是技术学习的最高阶段,也只有通过实战才能真正检验动作的质量和教学效果。实战可以不断锤炼对技术动作的把握程度和运用能力。在实战中,教师要引导学生学会自我分析和提高总结,找出自己的不足,不断提高自己的实战技能。

第四节 格斗的教学方法

格斗的教学方法是在格斗教学过程中为完成教学任务所采用的教学途径和手段。在教学方法上要力求激发学生学习的兴趣、自觉钻研的主动性与积极性,强调把教师的"教"与学生的"学"统一起来,既要发挥教师的主导作用,又要发挥学生的主体作用,同时还要根据教学任务、教材特点、学生实际等具体情况确定教法的运用,力求保证完成教学任务的质量。

一、讲解与示范法

1.讲解教学法

讲解时要通俗易懂,简明扼要,富有启发性,并要注意讲解的层次和时机。

(1)讲解的内容

①动作名称

如接腿摔中的"抹脖摔"、抱单腿转压摔的"转压"等具有形象化名称的动作,要向学生讲清动作名称的深刻含义。

②动作规范及运动规律

使学生明确动作的质量标准,所做动作应当正确、规范。使学生明确技术动作的发力顺序及运行路线、运动轨迹等一些规律性的基本方法。如后手直拳属于直线性拳法,其动作是蹬地、转腰、送肩、力达拳面,手臂由屈到伸,直来直去。

③技击含义

讲解动作的攻防方法、着力点、打击部位以及击打时机等。

④关键环节

学生掌握动作关键的能力如何,决定着能否较快正确地学会动作,因此这部分要着重讲解,如边腿要"提膝""转髋"等。

⑤易犯错误

讲解动作易犯错误,可以防患于未然,即使出现错误,学生也能在教师的提醒下较快地意识到存在的错误,便于及时纠正。如实战姿势"耸肩""抬头"要及时纠正。

(2)讲解的方法

①形象化讲解

利用形象化比喻,如要求做侧踹腿时,大腿必须充分收回,这样踹腿的力度才会加大,比喻成弹簧在压缩到最大限度时,所释放的弹力才会最大,使学生充分理解到大腿充分屈伸时,出腿的力度及速度会加大。

②启发式讲解

可以围绕动作的要点先提问,或先做示范。让学生自己分析动作要领,启发学生的思维,最后做归纳性讲解,使学生理解得更加深刻。

③口诀化讲解

为使语言简明易记,可以把所讲内容口诀化。如讲后手直拳时,可以归纳为"蹬地、转腰、送肩、力达拳面"。

2.示范教学法

这是学生通过视觉学习技术最生动具体的教学方法。教师以准确的动作为范例,使学生通过直接观察了解动作的形象、结构、用力方法等,可以提高学生的学习兴趣,激发学生学习的自觉性和积极性。

(1)示范的方法

①常速示范

对学生所学动作进行正确的常规速度的示范,使学生大脑中建立动作的最初印象。

②慢速示范

为了便于学生认真、全面地了解动作,需放慢速度进行示范,比如完成动作过程中的运行路线、运动轨迹、关键环节等都要放慢速度。

③分解与完整示范

为了便于学生掌握动作,对于一些技术过于复杂、细节较多的动作,可把动作分成上肢动作、下肢动作或左侧动作、右侧动作,待局部动作掌握以后再连贯完整进行。教学时一般采用"完整—分解—完整"的步骤进行。如教"接腿抹脖勾踢摔"时,可先做完整的动作示范,给学生一个完整的动作概念,然后分解成接腿、进步、抹脖、勾踢这四个环节分别教学,使学生能够看清和学会动作细节,最后再通过完整的教学使动作一气呵成。

(2)示范位置的选择

①讲解时的示范位置

教师可站在横队的排头、排尾连线所构成的等腰三角形的顶点进行示范,还可以站在相向而立的二列横队之间的空地进行示范,也可以让学生站成半圆形或马鞍形,教师在中间示范。

②领做的示范位置

可根据动作的运动方向站在队伍的正前方、左侧或右侧。

二、练习法

1.空击练习

是指学生在初学基本动作时,所采用的集体或个人练习的方法。集体练习时,学生排成几列横队,通过教师统一口令的指挥,学生进行集体练习;或学生排成几列纵队,统一动作,行进间练习,教师于队伍中间进行个别纠正。个人练习是学生自己单独进行的练习,通过假想训练,想象与对手的攻防,拆招解招,培养学生的实战意识,提高技术动作的速度、准确性及运用意识。

2.配对练习

这是实战训练的重要环节。两人通过攻防、"喂招"等方法进行练习,一般可分为几个步骤来进行:

(1)在教师的统一口令下,集体(配对)练习动作。开始时,两人可保持一定的距离,在教师的统一口令下,一方做"进攻"动作,另一方做不接触式的防守或反击,然后在一定的时间及次数后,交换动作,以便使学生双方都能体会到不同性质的技术动作要领使用的时机等。当学生能够正确地掌握实战动作之后,可以进行两人保持一定距离的不接触式的假想实战。

(2)老师在队伍前做出各种不同单个攻击动作,学生迅速做出反应,以不接触方式合理进行防守或反击。

（3）在教师的统一口令下，一方持靶做进攻动作攻击对手后给固定的反击靶，另一方防守反击给靶。

（4）进行限制条件下的实战对练，规定只能使用某种技术的两人相互攻守练习，或规定一方主动进攻，另一方只能防守反击等。练习时要明确要求双方控制力量、速度，重技术、轻杀伤，尽量做到点到为止。

三、预防和纠错的方法

学生在学习和掌握动作的过程中会出现各种错误，要教师善于及时发现和纠正学生的错误。预防错误和纠正错误的方法一般有以下几种：

1. 集中练习法

对容易出现错误的关键部分的局部动作，要求学生按照动作规范反复进行练习，使学生熟练掌握之后，再进行完整的练习。这种方法一般是在未出现错误动作或错误动作未定型时采用。

2. 分解教学法

把出现错误的动作按动作要领将其分解成若干部分，然后逐个纠正，反复练习，再把动作连贯起来进行练习。

3. 强制措施法

对学生经常出现的习惯性的错误动作，比如，基本姿势两手过低，头部过于暴露，教师就有意识地击打他的头部，使其在实战中意识到它的重要性，从而强制其改进技术动作。

4. 对比求异法

通过正确动作与错误动作的比较，从中发现问题，找出差异，从而帮助其纠正错误，改进技术。

第五节　格斗教学课的任务与结构

一、教学课的任务

教学课的任务是由本课程的教学进度所决定的。课的任务的提出，要符合体育教学的一般规律和格斗技能形成的特点，要针对学生的基础和能力，切实可行。如果任务要求过高，学生容易失去信心，甚至任务也会成为空话；任务要求过低，则不能激发学生的积极性，达不到应有的教学效果。

二、教学课的结构

教学课的结构是指组成一堂课的几个部分，以及各个部分的教学内容、组织教法、时间与量的安排等。根据人体机能活动变化的规律，一堂格斗教学课一般可分为准备、基本、结束三部分（也有把准备部分细分为开始部分和准备部分的），各个部分都有各自的主要任务、内容、组织教法与形式。

1.准备部分

准备部分的开始一般是点名、检查学生的出勤情况、宣布本课的教学任务和要求等。

准备活动的内容可分为一般性准备活动和专门性准备活动。一般性准备活动通常是走跑练习、徒手体操(或武术操)以及活动量较小的一般性游戏练习,使全身各主要肌肉群、关节、韧带等部位都得到充分活动;专门性准备活动主要采用与基本部分的内容相类似的练习,或者安排一些在格斗中起基础性作用的基本功、基本动作进行练习,使身体各肌肉群、关节、韧带、器官以及各主要系统的机能做好充分准备。

准备活动的组织方法,一般采用集体练习的形式,亦可分排、分组或个人分散进行。队列、队形可根据具体情况灵活变化。活动的内容应由静到动,由小到大,由简单到复杂,由局部到全部,使身体有一个逐渐适应的过程。准备活动的时间一般占全课的 20%～30%。

2.基本部分

基本部分是整个教学课的重点,也是能否完成教学任务的关键。安排的时间一般占 60%～70%。基本部分的内容首先要考虑安排的顺序问题。一般来说,重点的教学和复习内容应安排在身体充分活动以后,身体机能正处于最佳状态时进行。学生此时的精力集中,体力充沛,能确保达到最佳的教学效果。为了保证练习的数量和运动负荷,采用的练习形式是至关重要的。如集体练习,可以增加练习次数;分排练习,既可保证适宜的运动负荷,又能互相观摩学习。基本部分的组织教法,要以充分发挥教师的主导作用为主,注重调动学生的积极性,注重培养学生的组织能力、分析问题和解决问题的能力,做到教学相长、取长补短。

3.结束部分

结束部分是有组织地结束教学活动,使学生逐渐地恢复到相对安静状态的过程。

结束部分的内容应根据本课的性质选择一些逐步降低运动负荷的练习,如徒手的放松练习、比较缓和的活动性游戏、一些恢复性的整理练习等。教师要总结和讲评本课的教学任务完成情况以及学生遵守课堂纪律情况等,有时也可布置课外作业以及预告下次课的内容等。

第五篇

格斗运动损伤预防与救护篇

第一章　格斗运动损伤的原因和预防

掌握运动性损伤的发生原因和规律,采取全面和有针对性的预防措施,防患于未然,是格斗教学者和习练者必备的知识。

一、常见损伤的发生原因

1.思想上重视不够,缺乏运动损伤预防的必要知识

格斗训练中发生的损伤,常与训练组织者、指导者和参与者对预防运动员损伤的意义认识不足、思想上麻痹大意及缺乏必要的预防知识有关。有些教练员实施训练不系统,缺乏安全意识,不重视安全教育,在训练和比赛中没有积极采取各种有效的预防措施,发生运动损伤后,也不认真分析原因、总结经验教训,使伤害事故时有发生。

2.缺乏合理的准备活动

准备活动的目的是进一步提高中枢神经系统的兴奋性,增强各器官系统的活动功能,使人体从相对静止状态过渡到紧张的活动状态。据国内有关调查资料的分析,缺乏准备活动或准备活动不合理,是造成运动损伤的首要原因。格斗运动训练中的准备活动常存在的问题有:

(1)准备活动不充分

格斗运动训练中,常用的练习程序是先做一些热身活动,将神经系统的兴奋程度和其他各器官系统的活动功能适度动员起来,然后进行压腿、踢腿、下叉等专项练习。这些练习的动作幅度大、速度快,要求相应的对抗肌不仅要有很好的伸展性,还必须具备及时放松及协调配合的能力。如果准备活动不充分,肌肉的伸展性没得到充分改善,神经系统的兴奋性也较低,对抗肌弹性和伸展性较差,不能及时而充分的放松,进入练习时操之过急,猛踢、猛打、猛拉,就容易发生肌肉和韧带拉伤。

(2)准备活动的内容与正式练习的内容结合得不好,或缺乏专项准备活动

充分的准备活动需要结合专项运动来设计,有主有次。没有针对性的准备活动,使运动中负担较重的部位没有得到充分的预备,或者两次训练活动间的间歇时间较长,运动员忽视进入第二次练习前的准备活动,以及因长时间的停训休息后,消退的专项条件反射性联系尚未恢复时,幅度过大、力量过强、速度过快的动作都会造成关节韧带扭伤、肌肉拉伤。

(3)准备活动的时间过长、量过大

准备活动时间长、负荷量大,易造成身体疲劳,此时参加正式运动时,身体的机能水平不是处于最佳状态而是有所下降,剧烈运动时身体容易受伤。

3.技术动作的错误

由于技术动作的错误,违反了人体结构功能的特点及运动时的力学原理而造成的损伤,也是初次参加运动训练的人或学习新动作时发生损伤的主要原因。在学习动作时没有掌握正确的动作要领,不注重动作的技术环节,一味追求效果,急于求成,或者过于侧重力量性练习,忽略了柔韧性、灵活性练习,都会导致技术动作失误,造成损伤;而精神紧张和疲劳,或劳损的肌肉则是形成错误动作的重要原因。

4.运动负荷(尤其是局部负担量)过大

安排运动负荷时,没有充分考虑到运动员的生理特点,运动负荷超过其可以承受的生理负担量,尤其是局部负担大,引起过度疲劳、酸性物质积累,致使肌肉的弹性、伸展性、力量和协调性降低,在受到快速牵拉时,很容易损伤,即使未发生大的损伤,但长期微细损伤的积累也易造成慢性劳损,是专项训练中造成运动损伤的主要原因之一。

5.身体机能下降

在睡眠或休息不好、患病受伤或损伤初愈阶段,以及疲劳等身体机能下降时,肌肉力量、动作的准确性和身体的协调性显著下降,甚至技术熟练的运动员,在这种情况下也可能发生运动技术错误,而引起损伤。同时,随着生理机能的下降,运动员的警觉性和注意力减退,反应较迟钝,此时参加剧烈运动或练习较难的动作,就很容易发生损伤。

6.心理状态不良

运动员参加训练或比赛时的心理状态与运动损伤的发生也存在着一定的关系,如心情不好、情绪低落或急躁、训练缺乏自觉性和积极性、注意力不集中、兴奋不起来,这时参加运动训练或者比赛就很容易受伤。心情急躁、急于求成,或者信心不足、胆怯犹豫,以及赛前过于紧张,场上心慌意乱等都会造成运动员自控能力差,常导致损伤发生。运动员好胜心和自我表现意识强,不顾主客观条件的允许,盲目或冒失地进行运动与比赛,或者心理品质训练不够,缺少勇敢、果断、坚毅和胜不骄、败不馁的自控能力,也常常引起损伤的发生。

7.组织方法不当

在训练中,不遵守循序渐进和个别对待的原则;实战训练和比赛中分组不合理;由于学生过多,教师缺乏及时正确的指导。

8.场地设备缺陷

运动场地不平,有小碎石或杂物;地垫维护不良,年久失修,表面不光滑、有裂缝或密合不严,边界区有缝隙;缺乏必要的防护用具(如护头、护裆、护腿、护腕、护踝等)。

9.不良气候的影响

气温过高易引起疲劳和中暑,气温过低易发生冻伤,或因肌肉僵硬、身体协调性降低而引起肌肉韧带损伤;潮湿高热易引起大量出汗,发生肌肉痉挛或虚脱;光线不足、能见度差,影响视力,使兴奋性降低和反应迟钝而导致受伤等。

二、常见损伤的预防原则与措施

1.重点预防

训练中的损伤以慢性损伤居多,这些慢性损伤可由一次急性损伤后处理不当,或恢复训练过早而转变成慢性损伤造成,但更多的是因运动负荷安排不当,局部负担过重引起多次微细损伤的积累而成。因此,除做好急性损伤的正确处理之外,更重要的是要科学地安排训练,防止肌肉和骨骼等各种组织的劳损发生。

在实战训练中,急性损伤相对较多,而劳损较少,这时要注意急性损伤的预防。在损伤种类的构成比上,关节扭伤占首位,其中以腕关节、膝关节及踝关节扭伤最为多见。因此,尤其应加强手腕、膝关节及足踝关节的力量训练,以及有关各项技术动作的训练和指导。

2.运动损伤的预防原则和措施

(1)加强思想教育

平时要积极认真地对学员开展预防运动损伤的宣传和教育工作,使其在运动训练中克服麻痹大意思想,并要求掌握运动损伤的预防知识,采取各种行之有效的预防措施,认真贯彻预防为主的方针。

(2)合理安排教学和训练

教练员要根据运动员的年龄、性别、健康状况和运动技术水平,认真研究技术动作,估计哪些动作不易掌握和哪些技术动作容易发生损伤,做到心中有数,事先采取相应的预防措施。加强全面训练,合理运用各种形式的身体练习方法,全面提高运动员的身体素质。加强基本技术教学,使学生正确掌握踢、打、摔、进退、攻防等动作要领,形成正确的动作定型。要遵守循序渐进、个别对待等教学训练原则。

(3)认真做好准备活动

正式训练和实战对抗都要认真做好准备活动。准备活动的内容要根据训练和比赛的内容和特点而定,既要有一般性准备活动(跑步、关节操、热身操),又要有专项准备活动,使准备活动最后部分的内容与训练或比赛的基本内容相似。对运动中负荷较大和易伤部位,要特别注意做好准备活动,适当地做一些力量性和伸展性练习。

准备活动的量要根据运动员的特点、气候环境和教学训练及比赛的情况而定。一般认为,兴奋性较低、天气寒冷时,准备活动的时间可稍长些。相反,兴奋性较高或天气炎热时,准备活动的时间可短些。已伤部位的准备活动要谨慎小心,全套准备活动要循序渐进。准备活动的量应以身体感到发热并微微出汗为宜。

准备活动结束距正式训练时间不宜过长,应尽快进入正式训练。在运动中若间歇时间过长或教学训练转折时,都要补做准备活动。

(4)加强易伤部位的功能训练

循序渐进地加强易伤部位或相对较弱部位的训练,提高这些部位的功能,是预防运动损伤的一种积极手段。例如,为了预防髌骨损伤,可采用"站桩"的方法以增强股四头肌和髌骨功能;为了预防腰部损伤,除加强腰背肌训练外,还应加强腹肌力量的训练,有助于防止脊柱过伸而造成腰部损伤;为了预防股后肌群拉伤,要加强股后肌群的力量和伸展性练习等。

(5)加强保护和自我保护

保护在格斗训练中十分重要,因为格斗是一项激烈对抗性项目,很容易发生失误或被击受伤。尤其是刚刚参加训练的练习者,判断和控制能力差,应该穿好护具,做好自我保护。每位学员都应掌握自我保护的方法,加强滚翻和倒功的练习。教师要把保护和自我保护的知识与方法传授给学生。

(6)加强医务监督

对参加运动训练的每位学员,都要定期进行体格检查。对患有各种慢性病的人,更要加强医学观察和定期或不定期的健康检查。禁止损伤患者或身体不合格的人参加剧烈运动或比赛。要做好自我监督,身体若有不良反应,应认真分析原因,必要时请医生做医学检查。要认真做好运动场地、器材和个人防护用具的管理和安全卫生检查,对已损坏的场地设备要及时维修。禁止穿着不合适的服饰和护具参加训练。平时要加强体育保健知识的宣传和教育,增强自我保护意识,提高遵守体育卫生要求的自觉性。

(7)做好运动损伤的调查和统计

造成运动损伤的原因很多,只有通过调查、统计和分析,了解运动损伤的发生原因和发病规律,才能采取有效的预防措施。填写运动操作登记卡,是调查、统计和分析运动损伤的基本方法,应做好这方面的工作。

第二章　格斗运动损伤的诊断与处理

运动性伤病包括运动损伤和运动性病症。运动损伤是指机体在运动中受内力、外力的作用引起的一系列急慢性损伤。运动性病症是指因训练、比赛安排不当或负荷过大而造成的运动员身体机能下降，或功能紊乱所出现的各种疾病与症状。

第一节　格斗中常见的运动损伤

在格斗训练和实战过程中，由于种种原因，都有可能出现伤情，尤其是在全面实战对抗中，由于技、战术水平的差异，发生损伤不可避免。下面主要介绍格斗中常见的运动损伤：

一、擦伤

擦伤是皮肤受到粗糙物体表面的外力摩擦所致，皮肤被擦破后主要表现为出血或组织液渗出。在进行踢靶、打靶练习或相互对抗时，脚面、手、臂、口、眉、鼻等部位都有可能出现擦伤。

创口浅、面积小、无异物污染的皮肤擦伤，训练和实战时可直接喷上"好得快"或其他同类药物后继续训练和比赛。待训练结束后，用生理盐水或凉开水洗净创口，周围用75%酒精棉球消毒，创口上涂抹2%的红汞药水或1%～2%的甲紫，待干即可，无须包扎。但面部擦伤最好不用甲紫涂抹，关节附近的擦伤也不宜使用暴露疗法，因为干裂后既影响运动又易感染，还有可能波及关节，可采用5%～10%的磺胺软膏或青霉素软膏涂敷。

大面积的擦伤，易受感染，应先用碘酒或酒精在伤口周围消毒，再用生理盐水清除伤口异物，外敷凡士林或1%依沙吖啶纱布，用胶布固定。对于污染较严重的伤口，先将异物彻底清除，再用纱布覆敷伤口，由医生清创后，还要施用抗菌药物和注射破伤风抗毒血清。感染的伤口应每日换药。

二、撕裂伤

格斗实战中的撕裂伤多发生于面部，尤其是眼角、眉弓部，还有额部、唇部，主要是由于暴力打击所致。唇部还可因护齿或牙齿切割黏膜而致伤。

当发生面部撕裂伤以后，应马上停止实战训练，可先用生理盐水冲洗，再用肾上腺素液棉球压迫止血，后用粘胶封合或到医院治疗。

眼角、眉弓及额等其他部位撕裂伤，轻者可先用2.5%的碘酒和75%的酒精将伤口周围皮肤消毒,再用消毒纱布覆盖,加压包扎,伤口小者,可用黏膏黏合即可。伤口大、深或污染重者,应及时送医院,由医务人员做清创术,消除污染、异物和坏死组织,彻底止血,缝合伤口,口服或注射抗菌药物以防感染,注射破伤风抗毒血清。

口唇部切割伤,应视口腔黏膜的溃烂和肿胀程度不同,酌情处理。轻者用生理盐水洗净后用消毒棉球压迫止血即可,重者送医院后先用生理盐水洗刷,再清创、止血和缝合,并口服或注射抗菌药物以防感染及预防破伤风。

三、挫伤

挫伤是钝性暴力作用于人体某部时,引起皮下深部组织闭合性损伤。在格斗中,相互冲撞、被踢到,或失衡倒地时,自我保护不合理,碰击到坚硬物体,都有可能发生挫伤。轻者仅是皮下组织(如肌肉、韧带等)挫伤,重者(如头、胸、腹部和睾丸挫伤)常因某些器官的损伤而合并休克。在散打运动中比较常见的是股四头肌和小腿前部挫伤。

1. 征象

疼痛(先轻后重,一般持续 24 小时以上)、压痛、出血、肿胀、功能障碍。出血可表现为瘀点、瘀斑及皮下组织中局限性积血(血肿)。挫伤重者疼痛和功能障碍较明显。

复杂性挫伤因伴有一些并发症而较为严重,如头部挫伤后,轻者可发生脑震荡,重者可能会造成颅骨骨折而合并脑挫伤以致危及运动员的生命。大、小腿肌挫伤严重时,可引起股四头肌及腓肠肌肌肉或肌腱断裂,后期有时还会出现继发性钙质沉着骨化,形成骨化性肌炎。胸部挫伤可合并肋骨骨折,甚至肺脏损伤,形成气胸或血胸。睾丸挫伤可因剧烈疼痛而引起休克。腰腹部挫伤可合并肾挫伤和肝、脾破裂而引起内出血和休克。少数挫伤可继发感染性化脓。严重的挫伤形成的血肿有时会妨碍血液循环,引起局部肌肉的缺血Ⅰ生挛缩。

2. 处理

对于单纯性挫伤,应立即施行局部冷敷新伤药,加压包扎,抬高伤肢。对于复杂性的挫伤,如有休克症状时,应首先进行抗休克处理,再将伤员放在适当位置休息。如果睾丸挫伤,应以三角带吊起,卧床局部冷敷。胸肋部、腰腹部、头部挫伤伴有严重并发症时应在局部冷敷、止血、止痛处理后急送医院。肌肉、肌腱断裂者应在将肢体包扎固定后,送医院治疗。

四、肌肉肌腱拉伤

由于肌肉主动地猛烈收缩,其收缩力超过了肌肉本身所承担的能力,或肌肉受力牵伸时,超过了肌肉本身特有的伸展程度时,就会造成肌肉拉伤。拉伤可发生在肌腹或肌腱交界处或肌腱的附着处。由于致伤力的大小和作用性质不同,可引起肌肉、肌腱部分纤维断裂、完全断裂或微细损伤。除肌肉本身的拉伤外,常可同时合并肌肉周围的辅助结构如筋膜、腱鞘和滑囊的损伤。

实战对抗和训练前准备活动不充分,肌肉的弹性伸展性差,长时间训练,疲劳积累,肌肉会有僵硬、酸痛感,力量减弱,协调性差,注意力不集中都有可能造成肌肉拉伤。

1. 征象

局部疼痛、压痛、肿胀、肌肉紧张、发硬、痉挛,功能发生障碍。当受伤肌肉主动收缩或被动拉长时疼痛加重,肌肉收缩抗阻力试验为阳性。肌肉断裂者,受伤时会有明显感觉,常能听到断裂声,受伤部位肿胀明显,皮下瘀血严重,局部用手可摸到凹陷或一端异常膨大。

2.处理

对肌纤维轻度拉伤及有肌痉挛者,用针刺法(阿是穴斜刺法)或伤部局部注射肾上腺皮质激素类药物可以取得很好的疗效。肌纤维部分断裂者,伤后马上给冷敷、局部加压包扎、适当制动、抬高伤肢,并将患肢放在使受伤肌肉松弛的位置以减轻疼痛。在48小时后可进行按摩(揉、捏、搓或点穴),但手法要轻缓。对怀疑有肌肉、肌腱完全断裂者,应在局部加压包扎固定患肢后,立即送医院确诊,必要时进行手术缝合。

五、击昏

击昏是一种近似休克的非常严重的情况,击昏时伴随出现的是机体机能的急剧障碍。在格斗运动中,下腭、鼻梁、颞部、颈部侧面、腹腔神经丛部、两侧肋骨下方受重击时,均可发生昏迷现象。

1.症状与诊断

击昏的典型症状是步态不稳、摇摇晃晃、状如醉酒,或倒地,意识丧失(时间长短不等)、脉搏减弱、呼吸表浅、血压降低、肌张力减低、腱反射减弱。

2.处理

发生击昏后,立即平卧休息,对意识丧失者可使用催醒法(嗅氨水、掐人中等),必要时注射强心剂。没有并发症者一般愈后良好。

六、脑震荡

脑震荡是颅脑损伤中最轻的一种急性闭合性损伤。一般是指头部遭受暴力作用后,脑的神经组织受震荡而引起大脑暂时性的意识和机能障碍,无明显器质性病变,但脑震荡可与其他颅脑损伤(颅内血肿、脑挫伤、颅骨骨折)合并存在,故应引起重视。

1.征象

头部受伤后即刻发生轻度的短时意识障碍,轻者几秒钟,重者也不超过半小时。昏迷时全身肌肉松弛无力,面色苍白,瞳孔放大,皮肤和腱反射减弱或消失,脉搏细弱,呼吸表浅。患者清醒后有逆行性健忘症(即对受伤情景甚至受伤前一段时间的事不能回忆,但对往事能清楚记忆),常伴有头痛、头晕、耳鸣、心悸、失眠等症状,少数患者可能会有恶心、呕吐、心烦不安、注意力不集中等现象,并可因头部活动或情绪紧张而加重。以上症状大多于数日后逐渐减轻或消失。

2.处理

急救时,必须让伤员安静、平卧、保暖,不可随意搬动和让伤员坐或站立。昏迷不醒者,可掐人中或嗅以氨水使之苏醒。

治疗期间,应嘱患者短期(一两周)卧床休息,保持安静和良好睡眠状态,直至头痛、恶心等症状消失为止。不要过早参加运动,否则有可能带来后遗症。此外,还可用适当的药物治疗,如头痛者可用去痛片,恶心、呕吐者可用氯丙嗪,心情烦躁、忧虑失眠者可服用安定,也可配合针灸、按摩等手段治疗。

由于脑震荡可与颅内血肿或脑挫伤并存,因此,伤员经过急救处理后,应卧床静息,严密观察,以便及时发现其他严重颅脑损伤。如有下列症状之一者,应尽快送医院治疗:耳、鼻流脑脊液或血液;清醒后头昏、恶心、呕吐剧烈;两瞳孔不对称或变形;清醒后有颈项强直症状或出现第二次昏迷。

七、脑挫伤

脑组织挫伤也是头部遭受暴力作用所致,但比脑震荡严重,有器质性病理改变。轻者仅软脑膜下有小出血点、神经细胞水肿、退变;重者可出现脑静脉淤血、出血肿胀及坏死;严重的颅内出血可危及生命。本症往往合并颅骨骨折及蛛网膜下腔出血。

1.脑挫伤的征象与诊断要点

(1)持续性意识丧失及昏迷。轻者类似脑震荡,重者深度昏迷,可延续数小时至数日、数周不等。一般30分钟内清醒者多属脑震荡,30分钟后仍昏迷者多为脑挫伤。另外,清醒后又迅速昏迷者多为脑血肿。

(2)局灶症状为伤部对侧偏瘫、失语、呼吸异常、吞咽障碍。如果为脑干的原发性损伤,除持续性昏迷外,还会有大脑强直、瞳孔放大或缩小、双侧眼球外视。

2.处理

症状轻者的处理原则同脑震荡;重者应急送医院住院观察,进行止血,减轻脑水肿,降低颅内压,预防并发症。

3.注意事项

受伤后应保持呼吸通畅,防止窒息。脑损伤合并颈椎损伤者,在抬运时必须用护颈夹板固定头部,避免摇晃和震动。对于开放性脑损伤,应予以消毒包扎,如同时伴有休克发生,要注意抗休克处理。

八、肩关节脱位

肩关节脱位常于运动员摔倒时,上臂外展、手或肘着地时发生。另外,上臂内旋后伸、肩关节突然过度背伸,或肩关节过度外旋时,也可能发生。

1.征象

(1)有明显的受伤史。

(2)肩关节疼痛及运动障碍。

(3)方肩畸形,即肩峰外突,失去原来的圆形,可伴有肢体缩短。

(4)肩关节前脱位在喙突下或锁骨下能触摸到脱位的肱骨头。

2.处理

(1)急救固定法。取两块三角巾,一块用来悬挂前臂,屈肘90°,三角巾斜挎胸背部,在健侧肩上打结。另一块三角巾折叠成宽带,绕过患肢上臂,在健侧腋下打结。

(2)前脱位的简便复位法。在肩关节急性脱位半小时内,由于患处反射性地神经传导阻滞而处于麻木状态,不须麻醉就可复位。较为简单易行的足蹬拔伸复位法是:患者仰卧,术者坐于患侧床边与患者相对,将与其相邻之足跟置于伤员腋窝,紧贴胸臂并向外推挤上臂上端,双手握患肢腕部,以足跟顶住腋窝做持续牵引,并逐渐内收、内旋其上肢,即可使其复位。如果没有熟练掌握整复技术,不可随意施术,以免加重损伤。

(3)肩关节习惯性脱位者,多是由于肩胛盂前部或盂缘撕裂,或肱骨头外上方压缩变形,致使关节不稳而经常脱出。患此症者一般需手术治疗,否则不能从事转肩动作较多的活动。

九、肩袖损伤

肩袖的主要功能是稳定肩关节,使肱骨头紧密靠着肩关节盂。肩袖损伤是由于肩关节反复超常范围运动,使肩袖受到肩峰、肱骨头与喙肩韧带的不断挤压、摩擦,或肌肉的反复牵拉,使肌腱、滑囊发生微细损伤而致的劳损病症。

1.征象

肩袖损伤时,肩外展疼痛,有时会向上臂、颈部放射,肩外展或伴内、外旋时,疼痛加重。压痛局限于肩峰与肱骨大结节之间。疼痛弧试验为阳性,即上臂外展上举或从上往下放时,在 60°~120°的弧度内出现疼痛,少于或超过这个弧度时疼痛消失。肩外展、外旋抗阻力试验为阳性。急性期常伴有三角肌疼痛,慢性期则继发三角肌萎缩乏力。肩袖肌腱断裂少见,完全断裂者,肩不能外展,出现"耸肩"。

2.处理

急性期上臂置于外展 30°位置,适当休息、理疗、针灸、按摩、外敷中药或痛点注射封闭,效果较好。

十、腰部急性扭伤

腰部急性扭伤,又称"闪腰",90％的病例发生在腰骶部和骶髂关节。腰痛可于伤后立即出现,也可两天后出现。运动员自身腰、骶部肌力不足,也是造成急性腰扭伤的内在因素。

1.征象

(1)肌肉轻度扭伤。患处隐痛,随意运动受限,不能弯腰,24~28 小时后症状达高峰。扭伤严重时因肌痉挛可引起脊柱生理曲线改变。腰肌扭伤时疼痛可牵涉到下肢,但仅局限在臀部,大腿后部和小腿感觉正常。

(2)棘上韧带与棘间韧带扭伤。扭伤后局部的棘突上或棘突间有明显而局限的压痛,过度向前弯腰时疼痛加重,而向后伸腰时疼痛较轻。如果疼痛剧烈,压痛处韧带松弛而有凹陷,腰前屈时棘突间距离增大,提示可能为韧带完全断裂。

(3)筋膜破裂。腰部扭伤造成的腰背筋膜破裂,多发生在骶棘肌鞘部和髂嵴上、下缘。患处有明显压痛,弯腰和腰扭转时疼痛较重,腰伸展时疼痛较轻。其余征象与肌肉扭伤相似。

(4)小关节交锁。往往发生于肌肉无活动准备的仓促弯腰扭转动作,受伤当时即有腰部剧烈疼痛,呈保护性强迫体位,不敢做任何活动,亦惧怕任何搬动。

2.处理

按摩和体疗是治疗腰痛的重要方法。按摩疗法对腰部劳损引起的腰部肌肉痉挛和组织粘连最为有效,能达到减轻或消除腰痛的目的。按摩一般采用重手法治疗,即按压、推、滚、揉、摩、弹筋、分筋、叩击等,可每次依此顺序进行按摩,也可选择其中若干手法有机组合。穴位按摩可取肾俞、大肠俞、环跳、委中等穴,每次按摩 10~20 分钟,每日或隔日 1 次。

体疗的目的是加强腰、腹肌锻炼,增强腰背肌的弹性和耐力,协调腰腹部肌肉的平衡性,提高脊柱的稳定性、灵活性和耐久力,改善肌肉供氧状态,松解粘连。因此,过多地卧床休息是不适当的。体疗的原则是在不引起疼痛和肌肉痉挛的前提下进行肌肉静力性收缩锻炼,持之以恒必会收效,如仰卧举腿或一点支撑、俯卧"飞燕"等均可。锻炼时以 4 拍为一遍,然后还原,松弛肌肉,每次至少做 30 遍。

针灸理疗、泼尼松痛点注射、反悬疗法、内服活络止痛药物等,对治疗腰部劳损有一定辅助作用。

十一、髂腰肌血肿(股神经麻痹)

格斗中相互抱摔、转体侧踹动作,以及后倒地时自我保护不当,均可引起腰部肌肉猛烈收缩而损伤髂腰肌,出现髂腰肌下血肿,此血肿常压迫神经引起股神经麻痹。

1.征象

(1)受伤后髂窝部即刻疼痛且逐渐加重,患肢不能直立。

(2)卧位时髋呈屈曲外旋畸形,强迫伸直时疼痛。

(3)当血肿形成并压迫股神经时,股四头肌麻痹,大腿前中出现知觉障碍,特别是膝部知觉消失。

(4)在髂骨窝部可触到有压痛的肿块(血肿),穿刺时可抽出积血。

2.处理

治疗时宜采用卧床休息,局部冷敷后用沙袋加压止血,并用止血、镇痛及预防感染的药物。要尽量减少出血,如已形成血肿,应尽早抽出积血,以免血肿压迫股神经引起永久性股神经麻痹。

十二、膝关节急性损伤

膝关节构造复杂,关节周围的肌肉和肌腱、内外侧副韧带、前后十字韧带以及内外侧半月板等共同维持其稳定性,是全身易发生运动损伤的关节之一。

1.征象

膝关节急性损伤的征象有膝关节疼痛、肿胀、压痛、活动障碍,以及膝关节交锁等。膝关节交锁常见于半月板部分撕裂、十字韧带断裂、内侧副韧带断裂。其表现为偶然一次膝关节屈伸活动中,突然"卡住"于半屈伸状态;一些患者在主动活动膝关节时,伴随"咔嗒"一声而再伸直,称为"解锁"。

2.检查方法

(1)膝关节侧向运动试验。用于检查侧副韧带的损伤。方法是伤者仰卧,膝关节微屈 30°,检查者一手握住并固定踝部,另一手放在膝关节下部,被动外翻膝关节,膝关节外翻活动异常与膝内侧痛,提示膝内侧副韧带断裂。反之,则提示外侧副韧带断裂。若关节无明显异常活动而仅有轻微疼痛,则多为韧带扭伤。这项检查应在受伤时立即进行,可以避免出现假阳性。

(2)抽屉试验。这是检查前后十字韧带有无松弛的方法。患者取仰卧位,双膝屈曲,检查者用膝抵住患者的足背,双手握住患肢胫骨上端用力前、后推拉。如果胫骨上端有向前移动现象,则证明前十字韧带松弛。反之,如向后过多地移动,则证明有后十字韧带断裂。

(3)麦氏征试验。这是检查膝关节半月板损伤的方法。患者取仰卧位,检查者一手握住患肢足部,另一手扶在膝上,先充分屈膝屈髋,然后使小腿外展、外旋,将膝关节由极度屈曲而缓慢伸直,如内侧关节间隙有响音(听到或手感到),一旦出现疼痛,即表明内侧半月板损伤。反之,内收、内旋小腿伸直膝关节,外侧关节间隙有响音则为外侧半月板损伤。

3.处理

（1）轻微侧副韧带扭伤。疼痛较轻，肿胀不明显，侧向运动试验无异常，无关节屈伸功能障碍的患者，将患膝置于微屈位，制动2～3天，外敷活血止痛中药。3天后，可开始步行锻炼，用舒活酒按摩治疗；膝关节患处由远心端向近心端做轻推摩，大小腿肌肉用揉捏法。每日练习直膝抬腿及负重直抬腿、抗阻伸膝抬腿2～3次，总时间40～50分钟。如果参加比赛，应用粘膏支持带及弹力绷带保护。

（2）较重的侧副韧带扭伤。患膝疼痛明显加剧的病例，早期治疗时应着重止痛、止血和保护操作韧带不至于进一步加重损伤。可采用棉垫或海绵加弹力绷带加压包扎，再用托板将患膝固定于微屈位后抬高患肢休息。2～3天后去除压迫材料，开始进行按摩，手法与轻微扭伤相同，隔日1次，最好配合外敷和内服活血散淤、消肿止痛中药或理疗，继续托板固定，并同时开始每日做2～3次股四头肌静力收缩（绷紧）。伤后10天左右可加大按摩力量，增加按摩手法，增加直膝抬腿练习并逐渐过渡到负重直膝抬腿练习，同时仍可配合外用和内服舒筋活络中药。2～3周后解除托板固定，开始练习走路，继续按摩治疗并增加弹筋手法，开始练习膝关节屈伸运动并逐渐过渡到屈曲位抗阻力伸膝练习。刚恢复下地走路时，伤处可贴活络膏或橡皮膏，患肢鞋跟用楔形垫垫高0.5～1厘米，以防反复扭伤，此法可持续至局部无压痛和肌力恢复正常为止。为了使膝关节功能更好恢复，可同时采用按摩、理疗、中药熏洗。

（3）十字韧带未完全断裂。先用长腿托板固定患肢于30°（伸直为0°）6周。固定期间与解除固定后的按摩治疗和功能练习原则上与较重的扭伤相同。

（4）十字韧带和侧副韧带完全断裂。尽量在伤后一周内手术缝合。

（5）半月板损伤。由于急性期难以作明确诊断，可按重度扭伤处理，如有"交锁"感，必须"解锁"后才能固定。如果是半月板边缘破裂还有自愈可能。

（6）陈旧性损伤。坚持3个月以上有计划地、积极地进行股四头肌和膝关节屈肌功能锻炼和按摩治疗。如果股四头肌代偿功能良好，关节稳定性无碍训练者，一般不予手术治疗，但应注意训练量和强度要适宜，并加强医务监督。如症状严重、疼痛明显、关节不稳、关节交锁、妨碍训练者，可考虑手术治疗。

十三、踝关节急性扭伤

组成踝关节的韧带有三组，即内侧副韧带（三角韧带）、外侧副韧带和胫腓韧带。踝关节急性扭伤多为外侧副韧带扭伤，约占80％。严重时韧带断裂，往往包括胫腓韧带连带骨折撕脱分离，内、外、后踝骨折——三踝骨折。

1.征象

踝外侧副韧带扭伤者有足内翻受伤史。踝外侧疼痛轻重与伤势有密切关系。

（1）踝外侧韧带扭伤。患足可以持重，跛行，踝外侧轻度肿胀。踝关节强迫内翻试验可使疼痛加重，踝关节稳定，无异常活动。

（2）踝外侧韧带完全断裂。患足不能持重，跳跃式跛行，外踝剧痛，肿胀严重而且范围大，外踝和足背出现皮下瘀斑。踝关节强迫内翻试验时伤处剧痛，同时有踝关节不稳和距骨异常活动。踝关节前抽屉试验如果活动范围大，说明踝关节外侧副韧带完全断裂。

2.处理

现场急救处理时立即用拇指压迫痛点(韧带的断裂部)止血,同时做强迫内翻试验及踝抽屉试验,检查是否有韧带断裂。如疑有韧带断裂,应立即用大块海绵垫或棉花块压迫包扎,绷带缠绕的方向应与受伤暴力作用方向相反,例如,外侧副韧带损伤应将踝关节包扎于轻度外翻背屈位,抬高伤肢运送医院。

(1)外侧副韧带轻度扭伤。用绷带或粘膏支持带包扎后,外敷新伤药,将踝关节固定轻度外翻位 4～7 天,轻度韧带揠伤应尽早活动,一般 4 天以后可保持原固定下地走路,并配合按摩、理疗、中药熏洗和踝背伸抬腿练习。按摩治疗时,踝关节外侧用推摩手法,足背和小腿前外侧用捏和揉捏方法。若是比赛中受伤需继续比赛时,可用粘膏支持带固定后继续参赛,赛后用同样的方法治疗。

(2)外侧副韧带严重扭伤(踝关节强迫内翻试验出现轻度不稳)。加压包扎止血,并用托板将足固定于轻度外翻背屈位,抬高伤肢休息,配合内服活血止痛中药治疗。3 天以后解除加压包扎材料,继续托板固定,并配合按摩、理疗、外敷与内服舒筋活络中药、针灸等治疗方法,固定与制动 1～2 周。解除固定后,应继续治疗,积极从事功能锻炼,如下地活动、提踵、做踝关节屈伸运动,直至痊愈。

(3)踝关节强迫内翻试验和前抽屉试验出现明显松动,或有"开口"感(即外侧副韧带完全断裂),及合并踝部骨折时,经现场急救处理后,及时转送医院诊治。

十四、足部踪骨骨折

散打运动中的踪骨骨折,多由直接外力作用在踪骨上引起。例如,使用侧鞭腿时足背如果碰到肘尖等处时便可导致踪骨骨折。

1.征象

疼痛、压痛、足背肿胀、足部不能持重、前脚落地时伤部剧痛,有明显受伤史。X 线检查,可明确有无骨折及骨折的部位和程度。

2.处理

如足背部急性外伤史并有骨折征象时,应赤足,在小腿后放一直角夹板,然后用宽带固定膝下、踝上和足部,急送医院处理。伤后患者应停止训练。停训期间应进行患侧踝关节的功能锻炼,一月后痊愈,便可逐渐投入正常训练。

第二节　运动性病症

一、运动性血尿

在肉眼或显微镜下尿中有血或血细胞,称为血尿。血尿是一种临床征象,起因很多,单纯由于剧烈运动所致的称为运动性血尿。运动性血尿在散打运动员中的发病率较高,一些研究表明,专业水平越高发病率越高,男性多于女性。

运动性血尿发生的主要原因,是剧烈运动或大负荷运动所致。

1. 诊断与鉴别诊断

运动性血尿一般在运动后即刻出现,血尿的明显程度与运动量、运动强度、腰部的技术动作和身体的震动活动多少有关。若血尿出现后停止运动,则会迅速消失,一般不超过三天。除血尿外,一般无其他征象。血液化验、肾功能检查、腹部 X 线平片及肾盂造影等项检查均正常。

运动后出现血尿,除运动性血尿外,还可能是由于一些器质性疾病和外伤引起,因此应加以鉴别诊断。常见能引起血尿的器质性疾病有以下几种,但其血尿程度一般与运动量无明显关系,同时还有其本身一些特有的症状:

· 肾小球肾炎。浮肿、尿少、尿蛋白、血压高。

· 泌尿系统感染(如肾盂肾炎、肾结核、膀胱炎、膀胱结核等)。血尿、脓尿和尿频、尿急、尿痛,尿液细菌培养呈阳性。

· 泌尿系统结石。肾绞痛、尿频、尿急、尿少或尿中断,腹部 X 线平片或肾盂造影可发现结石。

· 其他还有泌尿系统的肿瘤、肾下垂、肾先天性畸形等。

外伤性血尿是运动时腰部受到钝物打击或摔倒,造成肾脏挫伤所致。这类患者一般都有腰部受伤史和腰痛症状。

2. 处理

若运动员出现血尿,应仔细问诊和检查,由专科医生做出明确诊断。

运动性血尿诊断成立后,轻者可以参加训练,但要减少运动量,加强医务监督,同时给予适当治疗。例如,对反复发作或镜下血尿持续不消者,可用大剂量的维生素 C、维生素 K 和适当的止血剂(卡巴克洛或中草药)等。伴有身体机能下降者,可用 ATP 和维生素 B,补充蛋白质和铁剂。

对运动性血尿运动员的训练安排与医务监督,一般的意见认为,对肉眼所见运动性血尿者,如血尿出现次数多、反复发生、持续时间长,不管有无征象均应暂时停止运动训练,进行必要的治疗。对镜下所见运动性血尿的运动员,或偶发者,可照常参加训练和比赛,但应严格控制运动量、运动强度和减少腰部活动,禁止高强度训练和比赛,同时加强医务监督,经常做尿液检查。如多次在镜下检查红细胞超过 5 个,也应减少运动量,少于 5 个时可继续训练和比赛。

运动性血尿一般愈后良好。

二、低血糖症

正常人的血糖维持在一定的水平(65～109mg/dl),当血糖低于 50mg/dl 时,可出现一系列症状,称为低血糖症。

1. 征象

患者感到非常饥饿、头晕、乏力、心慌心悸、面色苍白、出虚汗。较重者神志模糊、语言不清、精神错乱、躁动不安,甚至惊厥、昏迷。检查脉搏快而弱,血压无明显变化或昏倒前血压升高而昏倒后血压降低,呼吸短促,瞳孔扩大。化验血糖明显降低(50mg/dl)。

2. 急救

使患者平卧,注意保暖,神志清醒的可喝糖水并吃少量食品,一般短时间后即可恢复。

若昏迷,可针刺或掐点人中、足三里、合谷等穴,并迅速请医生处理。这时若能通过静脉注射50%的葡萄糖50～100毫升,提高血糖浓度,就可使病情迅速好转。

三、运动性贫血

贫血是血液中红细胞数和血红蛋白值低于正常数值的一种临床表现,它可由多种病因引起,不是一种独立的疾病。运动员发生贫血,除一般性病因(急性或慢性失血、感染、疾病、中毒等,使红细胞破坏过多、造血原料缺乏或造血功能不全)外,还有一种独特的运动训练性致病因素所致的贫血,称为运动性贫血。

运动性贫血的发生率占所有运动员的20%～35%,女性高于男性。运动性贫血的类型,绝大多数属缺铁性贫血(低血红蛋白、小红细胞型),少数为溶血性贫血(正常红细胞型),个别患者为混合性贫血。

运动训练对机体的红细胞和血红蛋白有一定的影响,影响的程度与运动负荷量、运动员的训练状态和身体机能有较大的关系,还与运动训练的季节、运动员的营养和年龄等因素有一定的关系。运动性贫血通常由红细胞被破坏,或蛋白质和铁的摄入不足引起。

1.征象

运动性贫血发病缓慢,主要症状有头昏、眼花、耳鸣、乏力、易疲倦、食欲不佳、体力活动能力差,以及运动时出现心悸、气促、心跳加快等。主要特征有眼结膜苍白、皮肤发白无血色、安静时心率加快、运动后心率恢复减慢、心脏听诊时可发现心尖部有吹风样收缩期杂音。血液检查时可发现红细胞和血红蛋白值低于正常数值(男子红细胞数低于400万/立方毫米、血红蛋白值低于12克%;女子红细胞数低于350万/立方毫米、血红蛋白值低于10.5克%)。

患者症状的轻重程度与血红蛋白的多少及运动量的大小密切相关。当男运动员的血红蛋白值在11克%,女运动员在10%～10.5%时,往往在大运动量训练时才有征象;血红蛋白男低于10克%,女低于9克%时,在中等运动量训练时就会出现征象;严重贫血时,小运动量训练时则会表现出明显的征象。

明确诊断应在全面详细的医学检查后做出,以便排除其他原因所引起的病理性贫血。但有一点可以作为教练员和医生诊断的参考依据,即运动性贫血的特点是:如果运动量减少或停止运动训练一段时间后(一个月左右),红细胞数和血红蛋白量明显增加;如果训练停止后,营养供应(尤其是蛋白质、铁质、维生素的供应)又较为充足和完善,但未见运动员的红细胞和血红蛋白量增加,或增加极少者,则应考虑为病理性贫血。

2.处理

应减少运动量,必要时停止正常训练。一般来说,当男运动员的血红蛋白值在10～12克%,女运动员在9～10克%时,可边治疗边训练,但要减少负荷强度和负荷量;当血红蛋白男低于10克%,女低于9克%时,应停止大、中运动量的训练和耐力练习,而以治疗为主。如为严重贫血,则应停止一切运动训练,积极进行治疗。膳食要富于营养,应含较多的蛋白质、铁质和维生素。可服用抗贫血药物,如硫酸亚铁、橡酸铁胺、富马酸亚铁、力勃隆等。为促进铁的吸收,可同时服用维生素C和胃蛋白酶合剂。对口服疗效差或口服后胃肠反应大者,可采用肌注铁剂或补血中草药。对严重的贫血病例,必要时可考虑输血疗法。

四、过度训练综合征

过度训练综合征简称过度训练,是指训练中由于疲劳的连续积累而引起的一系列功能紊乱或病理状态。其早期称为过度疲劳。

1.病因

(1)训练、比赛安排不当。在运动训练中,违反了运动训练的基本规律和基本原则,持续进行大运动量训练,运动负荷无明显节奏,缺少必要的调整,是造成疲劳积累,引起本病的主要原因。例如,忽视循序渐进及系统性原则,运动负荷增加过快或随意中断;不注意全面的身体和心理素质训练,不考虑个体差异的客观存在即投入大运动量训练;未能因环境、气候诸因素的变化及运动员生理状态的变化而调整训练量和运动负荷等。

(2)身体机能状态不佳。伤病初愈,营养不合理,工作、学习、精神负担过重,生活规律和环境发生改变,以及过量吸烟、酗酒等因素,可造成运动员身体机能水平下降,使之与所安排的运动负荷不相适应,结果导致过度训练的发生。

2.征象

过度训练的表现多种多样,可涉及各个器官系统,并且因症状程度的不同又有差异。

(1)早期。症状较轻,以神经系统方面的表现最为多见,与神经衰弱症状相似。运动员表现出食欲减退,睡眠障碍,精神不振,没有参加运动训练的欲望甚至有厌烦情绪,有时有头痛、头晕、记忆力减退以及心情烦躁不安,容易激动等症状。客观检查多无明显异常。因此,过度训练早期极易误诊为"神经官能症"而延误治疗。

(2)中期。早期症状加重,出现全身乏力、失眠、头痛,活动时容易出汗且极易疲劳,对专项训练厌倦、体重减轻、运动能力等症状。客观检察可发现安静血压升高、脉率加快。心血管系统联合机能试验在负荷后出现梯形反应,且恢复期延长。心电图、脑电图、肺功能检查可有轻度异常。

(3)晚期。自觉症状更为严重,并伴有较明显的消化系统、心血管系统症状,如恶心、呕吐、腹泻、便秘,以及胸闷、心悸、气短等。动作协调性和综合判断能力较差,运动能力显著下降,还可发现精神萎靡不振或情绪躁动不安、面色不佳等。心血管联合机能试验异常反应可占 $60\%\sim80\%$,多呈梯形反应。心电图检查异常者可达 67%,可出现各种类型心律不齐和 ST 段不移,T 波降低、倒置或呈双向等变化。脑电图节律异常者约占 55.6%。呼吸系统机能检查可呈现肺活量减少、静息通气量增加等异常。血液化验检查有血红蛋白和红细胞减少,尿液化验可出现尿蛋白和管型尿。女运动员往往出现月经紊乱。

过度训练的症状和体征复杂多样,诊断时应详细询问病史、运动史,配合必要的检查,并注意鉴别诊断。早期主要和神经官能症相区别,中、晚期应与肝炎、肾炎、贫血、心脏病等相区别。

3.处理

处理过度训练问题的关键是要早发现、早治疗。处理的原则是消除病因,调整训练内容或改变训练方法,及时对症治疗。

在过度训练早期,应及时调整训练计划,降低运动负荷,同时注意休息,增加睡眠时间,改善营养,一般病情可以得到缓解。对早期病情未能得到控制而进一步发展加重者,除做上述处理外,必要时可停止专项训练,辅以放松性练习,调整生活规律,洗温水浴,进行恢复按摩和医疗体育等。还可根据不同病情给予药物治疗,如维生素(B2、B6、B12、G)、葡萄糖、三磷腺苷、谷维素、镇静剂等。

过度训练经过正确处理治疗后,愈后一般良好,内脏器官也无器质性损害,但恢复时间长短不一,轻者2~3周可愈,重者需2~6个月,严重者往往需半年以上或更长时间方可恢复。

4. 预防

(1)遵守科学训练原则,加强身体的全面训练。定期做身体功能检查,根据运动员的机能水平和个人特点制定适当的训练和比赛计划。

(2)加强医务监督,注意观察运动员训练过程中出现的不良征兆。在大运动量训练和比赛后,采取积极的恢复措施,保证必需的营养和充足的睡眠时间。

(3)及时治疗各类伤病,伤病恢复期投入训练时运动量要循序渐进。

武术散打竞赛规则与裁判法

武术散打竞赛规则(节选)

第一章　通则

第一条　竞赛种类

(一)团体比赛

(二)个人比赛

第二条　竞赛办法

(一)循环赛

(二)淘汰赛

(三)每场比赛采用三局两胜制,每局净打 2 分钟,局间休息 1 分钟。

第三条　参赛年龄与资格审查

(一)成年运动员的参赛年龄限在 18～35 周岁,青少年运动员的参赛年龄限在 15～18 周岁以下。

(二)参赛运动员必须携带《运动员注册证》。

(三)运动员必须有参加比赛的人身保险证明。

(四)运动员必须出示自报到之日起前 15 天内县级以上医院出具的包括脑电图、心电图、血压、脉搏等指标在内的体格检查证明。

第四条　体重分级

1. 48 公斤级(≤48kg)

2. 52 公斤级(>48kg—≤52kg)

3. 56 公斤级(>52kg—≤56kg)

4. 60 公斤级(>56kg—≤60kg)

5. 65 公斤级(>60kg—≤65kg)

6. 70 公斤级(>65kg—≤70kg)

7. 75 公斤级(>70kg—≤75kg)

8. 80 公斤级(>75kg—≤80kg)

9. 85 公斤级(>80kg—≤85kg)

10. 90 公斤级(>85kg—≤90kg)

11. 100 公斤级(>90kg—≤100kg)

12. 100 公斤以上级(>100kg)

第五条　称量体重及其规定

(一)运动员经资格审查合格后方可参加称量体重,并且必须携带《运动员注册证》。

(二)必须在仲裁委员的监督下称量体重,由检录长负责,编排记录员配合完成。

(三)运动员必须按照大会规定的时间到指定地点称量体重。称量体重时裸体或只穿短裤(女子运动员可穿紧身内衣)。

(四)称量体重先从比赛设定的最小级别开始,每个级别在1小时内称完。如体重不符,在规定的称量时间内达不到报名级别时,则不准参加后面所有场次的比赛。

第六条　抽签

(一)由编排记录组负责抽签,有仲裁委员会主任、总裁判长及参赛队的教练或领队参加。

(二)在第一次称量体重后进行抽签,由比赛设定的最小级别开始。如该级别只有1人,则不能参加比赛。

第七条　服装护具

(一)比赛的护具分红、黑两种颜色。运动员必须穿戴竞赛组委会指定的拳套、护头、护胸,并且必须穿戴自备的护齿、护裆和缠手带,护裆必须穿在短裤内,缠手带的长度为2.5~3.5米。

(二)运动员必须穿指定的与比赛护具颜色相同的服装。

(三)拳套的重量:男子65公斤级及以下级别和女子及青少年运动员的拳套重量为230克;男子70公斤级及以上级别的拳套重量为280克。

第八条　比赛礼仪

(一)介绍运动员时,运动员向观众行抱拳礼。

(二)每局比赛开始前,运动员上台后先向本方教练员行抱拳礼,教练员还礼;运动员之间再相互行抱拳礼。

(三)宣布比赛结果时,运动员交换站位。宣布结果后,运动员先相互行抱拳礼,再向台上裁判员行抱拳礼,裁判员还礼。然后向对方教练员行抱拳礼,教练员还礼。

(四)边裁判员换人时,互相行抱拳礼。

第九条　弃权

(一)比赛期间,运动员因伤病(需有医务监督出具的诊断证明)或体重不符不能参加比赛,作弃权论,不再参加后面场次的比赛,但已进入名次的成绩有效。

(二)比赛进行时,运动员实力悬殊,为保护本方运动员的安全,教练员可举弃权牌表示弃权,运动员也可举手要求弃权。

(三)不能按时参加称量体重、赛前3次检录未到或检录后擅自离开,不能按时上场者,作无故弃权论。

(四)比赛期间,运动员无故弃权,取消本人全部成绩。

第十条　竞赛中的有关规定

(一)临场执行裁判员应集中精力,不得与其他人员交谈,未经裁判长许可不得离开席位。

(二)运动员必须遵守规则和比赛礼仪,尊重和服从裁判员。在场上不准有吵闹、谩骂、甩护具等任何表示不满的行为。每场比赛未宣布比赛结果前,运动员不得退场(因伤需急救者除外)。

(三)每名教练员只能代表所报名单位进行现场指导,并只能带一名助手或队医协助工作。比赛时,教练员和助手或队医坐在指定位置;局间休息时,允许给运动员按摩和指导。

(四)运动员严禁使用兴奋剂,局间休息时不得输氧。

第五章 技法要求、得分标准与判罚

第十九条 可用方法

除禁用方法外,可以使用武术的各种拳法、腿法和摔法。

第二十条 禁用方法

(一)用头、肘、膝和反关节技法攻击对方。

(二)用迫使对方头部先着地的摔法或有意砸压对方。

(三)用任何方法攻击倒地方的头部。

第二十一条 得分部位

头部、躯干、大腿。

第二十二条 禁击部位

后脑、颈部、裆部。

第二十三条 得分标准

(一)得 2 分

1.一方下台,另一方得 2 分。

2.一方倒地,站立者得 2 分。

3.用腿法击中对方头部、躯干得 2 分。

4.用主动倒地的动作致使对方倒地,而自己顺势站立者,得 2 分。

5.一方被强制读秒一次,另一方得 2 分。

6.一方受警告一次,另一方得 2 分。

(二)得 1 分

1.用拳法击中对方头部、躯干得 1 分。

2.用腿法击中对方大腿得 1 分。

3.运动员被指定进攻后达 5 秒钟仍不进攻时,另一方得 1 分。

4.一方主动倒地 3 秒钟不起立,另一方得 1 分。

5.一方受劝告一次,另一方得 1 分。

(三)不得分

1.方法不清楚,效果不明显,不得分。

2.双方下台,互不得分。

3.双方倒地,互不得分。

4.一方用方法主动倒地,另一方不得分。

5.抱缠中击中对方,不得分。

第二十四条 犯规与罚则

(一)技术犯规

1.消极搂抱对方。

2.背向对方逃跑。

3.处于不利状况时举手要求暂停。

4.有意拖延比赛时间。

5.上场不戴或有意吐落护齿、松脱护具。

6.比赛中对裁判员有不礼貌的行为或不服从裁判。

（二）侵人犯规

1.在口令"开始"前或喊"停"后进攻对方。

2.击中对方禁击部位。

3.以禁用方法击中对方。

（三）罚则

1.每出现一次技术犯规,劝告一次。

2.每出现一次侵人犯规,警告一次。

3.侵人犯规达3次,取消该场比赛资格。

4.运动员故意伤人,取消其比赛资格,所有成绩均无效。

5.运动员使用违禁药物或局间休息时输氧,取消其比赛资格,所有成绩均无效。

第二十五条 暂停比赛

（一）运动员倒地（主动倒地除外）或下台时。

（二）运动员犯规受罚时。

（三）运动员受伤时。

（四）运动员相互抱缠没有进攻动作或无效进攻超过2秒时。

（五）运动员主动倒地超过3秒钟时。

（六）运动员被指定进攻超过5秒钟仍不进攻时。

（七）运动员举手要求暂停时。

（八）裁判长纠正错判、漏判时。

（九）相关人员处理场上问题或发现险情时。

（十）因灯光、场地、电脑评分系统故障等客观原因影响比赛时。

第六章 胜负评定与名次评定

第二十六条 胜负评定

（一）优势胜利评定

1.在比赛中,双方实力悬殊,台上裁判员征得裁判长的同意,判技术强者为该场胜方。

2.一方被重击（侵人犯规除外）倒地不起达10秒,或虽能站立但知觉失常,判另一方为该场胜方。

3.一场比赛中,一方被重击强制读秒（侵人犯规除外）达3次,判另一方为该场胜方。

（二）每局胜负评定

1.每局比赛结束时,依据边裁判员的评判结果,判定每局胜负。

2.一局比赛中,一方受重击被强制读秒（侵人犯规除外）2次,另一方为该局胜方。

3.一局比赛中,一方2次下台,另一方为该局胜方。

4.一局比赛中,双方运动员得分相同时,判主动进攻技术强者为胜方。

(三)每场胜负评定

1.一场比赛,先胜两局者为该场胜方。

2.比赛中,运动员出现伤病,经医生诊断不能继续比赛者,判另一方为该场胜方。

3.比赛中因一方犯规,另一方诈伤,经医务监督确诊后,判犯规一方为该场胜方。

4.因对方犯规而受伤,通过医务监督检查确认不能继续比赛者,为该场胜方。但不得参加后面所有场次的比赛。

第二十七条　名次评定

(一)个人名次评定

1.淘汰赛时,直接产生名次。

2.循环赛时,积分多者名次列前,若两人或两人以上积分相同时,按下列顺序排列名次:

(1)负局数少者列前。

(2)受警告少者列前。

(3)受劝告少者列前。

(4)体重轻者列前(以第一次称量体重为准)。

上述四种情况仍相同时,名次并列。

(二)团体名次评定

1.名次分

(1)各级别录取前 8 名时,分别按 9、7、6、5、4、3、2、1 的得分计算。

(2)各级别录取前 6 名时,分别按 7、5、4、3、2、1 的得分计算。

2.积分相同时的处理办法

两个或两个以上的团体分数相同时,按下列顺序排列名次:

(1)按个人获得第 1 名多的队名次列前;如再相同时,按个人获得第 2 名多的队名次列前,依次类推。

(2)受警告少的队名次列前。

(3)受劝告少的队名次列前。

如以上几种情况仍相同时,名次并列。

第七章　编排与记录

第二十八条　编排

(一)编排原则

1.以竞赛规程、报名表和比赛的总时间为依据。

2.同一级别、同一轮次的比赛应相对集中安排,条件要均等。

3.一名运动员一天最多安排两场比赛,且不在同一单元。

4.同一单元的比赛由体重轻的级别开始。

(二)种子设定

1.上一次全国锦标赛取得前四名的运动员确定为种子选手,并根据成绩排出种子的顺序。

2.变动级别的运动员不能定为种子选手。

3.种子选手不再抽签,编排时根据种子的顺序号在轮次表中找到相应号码的位置,即种子的位置。

第二十九条　记录

(一)边裁判员根据得分标准和台上裁判员的判定,记录运动员的得分,每局比赛结束后将运动员的得分填入记分表中。

(二)记录员将警告、劝告、强制读秒、下台分别进行记录。

(三)循环赛制时,编排记录组根据每场比赛的结果在记分表中为胜方计 2 分,负方计 0 分。因对方弃权获胜时,计 2 分,弃权者为 0 分。

第八章　口令与手势

第三十条　台上裁判员口令与手势

一、抱拳礼

两腿并立,左掌右拳于胸前相抱,高与胸齐,手与胸之间距离为 20~30 厘米(图 f-1、图 f-2)。

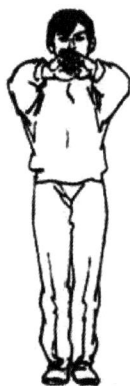 

图 f-1　　　　　　　　　　　　　图 f-2

二、上台

站在擂台中央成侧平举,掌心朝上指向双方运动员(图 f-3)。在发出指令的同时,屈臂侧举成 90°,掌心相对(图 f-4)。

图 f-3　　　　　　　　　　　图 f-4

三、双方运动员行礼

双臂屈于体前,左掌盖于右拳背之上,示意运动员行礼(图 f-5)。

四、第一局

面向裁判长席,一手食指竖起,其余四指弯曲,直臂前举,成弓步(图 f-6)。

图 f-5　　　　　　　　　　　图 f-6

五、第二局

面向裁判长席,一手食指、中指伸直分开竖起,其余三指弯曲,直臂前举,成弓步(图 f-7)。

六、第三局

面向裁判长席,一手拇指、食指、中指分开竖起,其余两指弯曲,直臂前举,成弓步(图 f-8)。

图 f-7　　　　　　　　　　　图 f-8

七、"预备—开始"

立于双方运动员中间成弓步,在发出"预备"口令的同时,两臂伸直,仰掌指向双方运动员(图 f-9)。在发出"开始"口令的同时,两手俯掌内合于腹前(图 f-10)。

图 f-9 图 f-10

八、"停"

在发出"停"的口令同时成弓步,立掌单臂伸向双方运动员中间(图 f-11、图 f-12)。

九、消极 5 秒

一臂指向消极运动员,一臂伸直上举,手指自然分开、伸直(图 f-13)。

图 f-11 图 f-12 图 f-13

十、读秒

面对运动员,屈臂握拳于体前,拳心向前,从一手拇指至小指与口令同时依次张开(图 f-14、图 f-15)。

十一、消极搂抱

双手环抱于体前(图 f-16)。

图 f-14　　　　　　　图 f-15　　　　　　　图 f-16

十二、强制读 8 秒

单臂指向裁判台,拇指竖直,其余四指弯曲(图 f-17)。

十三、3 秒

一臂伸直仰掌斜上举指向某方运动员,另一手拇指、食指、中指自然分开,其余两指弯曲,掌心向下,自腹前向外横摆于体侧(图 f-18)。

十四、指定进攻

单臂伸向双方运动员中间,拇指伸直,其余四指弯曲,手心朝下,在发出"某方进攻"口令的同时,向拇指方向横摆(图 f-19)。

图 f-17　　　　　　　图 f-18　　　　　　　图 f-19

十五、倒地

一臂伸直指向倒地一方,手心朝上,另一臂屈于体侧,掌心朝下(图 f-20)。

十六、一方下台

一臂前平举指向下台一方(图 f-21),另一手立掌,手心朝前,向前平推成弓步(图 f-22)。

十七、双方下台

弓步,双手立掌,手心朝前,向前平推伸直(图 f-23)。而后屈臂上举于体前成 90 度,掌心朝后,成并步直立(图 f-24)。

图 f-20

图 f-21

图 f-22

图 f-23

图 f-24

十八、踢裆

一臂伸直指向犯规运动员，手心朝上；另一手掌心向内，摆至裆前（图 f-25）。

十九、击后脑

一臂伸直指向犯规运动员，另一手俯按于后脑（图 f-26）。

二十、肘犯规

双臂屈于胸前，一手俯盖于另一肘部（图 f-27）。

二十一、膝犯规

提膝，用手拍膝盖部（图 f-28）。

图 f-25

图 f-26

图 f-27

图 f-28

二十二、警告

一臂伸直指向犯规运动员,掌心朝上,另一手示出犯规现象后,屈臂成90度握拳上举于体前,拳心朝后(图 f-29)。

二十三、劝告

一臂伸直,掌心朝上指向犯规运动员,在发出"犯规"口令的同时,屈臂成90度立掌上举于体前,掌心朝后(图 f-30)。

二十四、取消比赛资格

两手握拳,两前臂交叉于胸前(图 f-31)。

图 f-29　　　　　　　图 f-30　　　　　　　图 f-31

二十五、无效

两臂伸直,在腹前交叉摆动(图 f-32、6-2-33、6-2-34)。

图 f-32　　　　　　　图 f-33　　　　　　　图 f-34

二十六、急救

面对大会医务席,两手立掌,两前臂在胸前成十字交叉(图 f-35)。

二十七、休息

仰掌侧平举,指向双方运动员休息处(图 f-36)。

图 f-35   图 f-36

二十八、交叉站位

站立擂台中央，双臂伸直在腹前交叉（图 f-37）。

二十九、获胜

平行站于两名运动员中间，一手握获胜运动员手腕上举（图 f-38）。

图 f-37   图 f-38

第三十一条　边裁判员手势

一、下台或倒地

一手食指伸直向下，其余四指弯曲（图 f-39）。

二、没下台或没倒地

一手立掌，左右摆动 1 次（图 f-40）。

三、没看清

双手仰掌由体前向外曲肘平摆（图 f-41）。

图 f-39   图 f-40   图 f-41

第九章　场地与器材

第三十二条　场地

一、比赛场地为高 80 cm,长 800cm,宽 800 cm 的擂台,台面上铺有软垫;软垫上铺有盖单,台中心画有直径 120 cm 的中国武术协会的会徽。台面边缘有 5 cm 宽的红色边线,台面四边向 90 cm 处画有 10 cm 宽的黄色警戒线。

二、台下四周铺有高 30 cm、宽 200 cm 的保护软垫。

第三十三条　器材

电子评分系统一套。

附:武术散打竞赛常见图

附1:武术散打比赛场地平面示意图

武术散打比赛场地平面示意图

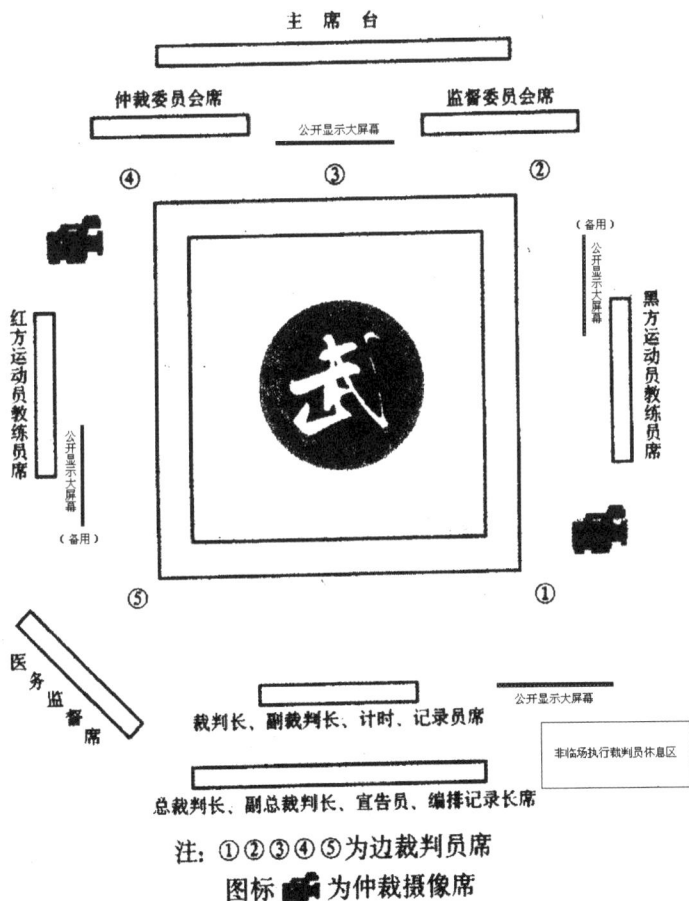

注:①②③④⑤为边裁判员席

图标　为仲裁摄像席

附2:武术散打比赛色别牌图示

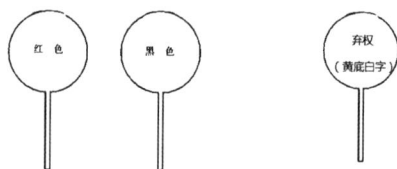

附3:单循环赛轮次表(3人)

第一轮	第二轮	第三轮
1—0	1—3	1—2
2—3	0—2	3—0

人数为 n，轮数＝$n-1$，场数＝$\dfrac{n(n-1)}{2}$

n 为奇数时，轮数＝n；n 为偶数时，轮数＝$n-1$。

附4:单败淘汰赛轮次表（8人）

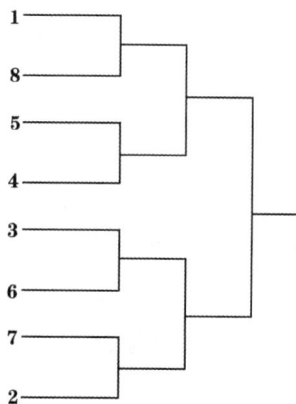

附5:双败淘汰赛轮次表（16人）

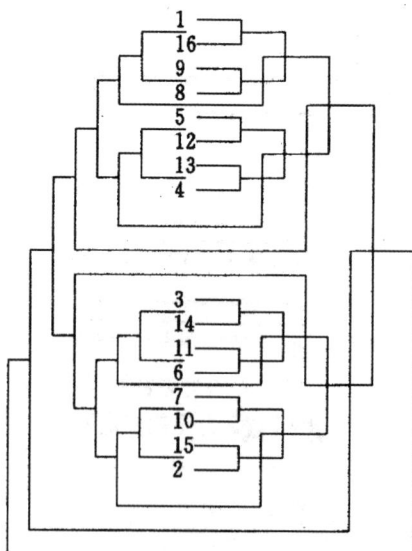

武术散打竞赛裁判法(试行)

第二章　竞赛与裁判方法

一、每局比赛 2 分钟(1 分 30 秒)

是指每局除暂停之外的实际比赛时间。计时员只要听到台上裁判员喊"开始"的口令就立即开启计时表,台上裁判员喊"停"就即刻停表,直至计时表累计达到 2 分钟(1 分 30 秒)时,计时员必须准时鸣锣通告本局比赛结束。

二、局间休息 1 分钟

是指每局之间的间歇时间。上一局比赛一结束,计时员即刻开始记局间休息时间。休息时间至 50 秒钟时通知运动员上场准备比赛,局间休息满 1 分钟时,台上裁判员必须发出比赛"开始"的口令。

三、体重不符合报名级别

是指运动员在称量体重时的体重不够或超出所报级别规定的体重范围。例如:75 公斤级的运动员,体重必须大于 70 公斤、小于或等于 75 公斤,只要体重不在这个范围,就不准参加比赛。

四、无故弃权

是指未能按规定时间准时参加比赛,或不准时参加检录及检录后不上场比赛,或须称量体重时不参加称量体重等情况,被视为无故弃权。无故弃权则取消该运动员已取得的全部成绩。

五、禁击部位

是指运动员在比赛中规定不能被击打的身体部位。后脑,是指头部耳郭垂线以后的部位。颈部,是指人体第一椎骨以下、锁骨以上的部位。裆部,是指人体的阴部。执裁时,台上裁判员要集中注意力,及时判断运动员的犯规行为并作出判罚决定,如果一时难以做出判定时,在喊"停"之后,要及时征求裁判长或就近边裁判员的意见,以确定是否击中禁击部位,而不能因运动员的"痛苦"表现干扰判罚。

六、得分部位

是指运动员击中了应予评分的部位。得分部位有:头部,是指除了后脑以外的面部和头两侧的部位。躯干,是指胸部、腹部、背部和腰部。大腿,是指髋关节以下、膝关节以上,包括臀部在内的部位。

值得注意的是,人体的肩部、上肢、小腿、脚跟、脚掌与脚背,既不是禁击部位,也不是得分部位,击中后既不能判犯规,也不能判得分。由于肩部与胸、背连接,腰部与臀部连接,运动员击中连接部位,很难高评判准确。为了方便裁判,统一尺度,按照"方法清楚,效果明显"的记分原则,就低不就高处理。

例如:击中肩部与胸、背的连接部位,不得分;击中大腿与小腿的连接部位,不得分;击中腰部与臀部的连接部位,得1分。

七、用头、肘、膝进攻对方

是指用以上部位主动发力攻击对方,属于犯规行为。一旦击中就须根据《规则》中的有关条文,给予"侵人犯规"的判罚。

由于武术散打比赛在许多情况下需要贴近对方,有时因对方进攻而出现低头、抬肘、提膝等防守动作时,触及了对方的身体但没有明显的发力,并且没有产生实际效果;有时在互相搂摔过程中,头、肘、膝触及对方的身体而没有明显的发力,凡类似情况不属于用头、肘、膝进攻对方。

八、用反关节技法攻击对方

是指采用方法固定对方关节前端并击打关节外侧,或迫使其关节超出正常活动范围的攻击动作。对抗实践证明,易受到"反关节"攻击的人体关节主要是肘关节和膝关节。如果使用正常的攻防方法,虽然击中关节部位,但没有瞬间固定关节前端的行为,不属于用反关节动作进攻对方。

九、迫使对方头部先着地的摔法

是指在使用摔法过程中,控制住对方的身体,强迫对方头部先着地,有意伤害对方的行为。判断是否使用了迫使对方头部先着地的摔法,一般应符合下列三种情况:

(一)对方处于被控制状态无法使用自我保护的倒地动作时,采用招法使其头部朝下落地。

(二)对方处于悬空状态时,突然改变对方的姿势状态迫使其头部朝下落地。

(三)临近倒地状态时,突然拧转对方头部,迫使对方头部先着地。

如果采用正常的摔法,被摔的一方因自己的保护能力差,倒地动作不合理造成头部先着地,不属判罚的范围。

十、有意砸压对方

是指对方倒地时,顺势用身体的某一部位再次加力于对方身体的某一部位,以达到使对方丧失比赛能力的目的。

十一、攻击倒地一方的头部

任何情况下都不允许使用任何方法攻击倒地运动员的头部,其中包括主动倒地运动员的头部。运动员主动倒地,在3秒钟内裁判员没有喊"停"前,尽管运动员可以相互攻击,但站立者不得攻击主动倒地运动员的头部。

十二、用方法故意致使对方受伤部位伤情加重

是指运动员在比赛过程中面部出现了开放性伤口,例如,鼻腔因击打而流血或眉弓开裂,经医生临场处理后继续比赛,另一方运动员在搂抱过程中故意用拳套或掌根去揉搓或用头部磨蹭、顶撞对方的伤口,致使对方伤情进一步加重而不能继续比赛的行为。这是一种违背武德和现代体育精神的行为,在比赛中应予以禁止,台上裁判员一经发现,应判其侵人犯规。运动员也应自觉抵制这种不道德的行为。

十三、击中得分

是指运动员使用可用方法,打到了对方的得分部位后产生了相应的效果。

(一)如何评判"击中得分",一般从以下四个方面入手

1.看进攻。进攻方法清晰、力点准确,明显击中在得分部位。

2.看防守。击中时没有相应的防守动作;或击中在先,防守动作在后;或防守失误而没有产生相应的防守效果。

3.看位移。击中后身体部位产生的移动、震动、晃动现象。

4.听声音。击中对方后发出清脆或者沉闷的响声。

在评判过程中,可以从四个方面同时入手,也可以从其中的某一两个方面入手,这主要是根据实际情况而定。

(二)"击中得分"还有两种情况需要注意

1.如果一方运动员使用动作被另一方运动员接住后随即脱手,并使用允许的方法击中对方得分部位;或在"停"的口令同时击中对方的得分部位;或者在"分开"口令的同时挣脱了抱缠,并使用方法击中对方得分部位,均应被视为有效击中。

2.双方运动员在台上裁判员的口令"开始"至"停"的时间段内相互进攻对方,并能清晰有效地击中对方的得分部位,应被判定相互均被有效击中,应分别予以得分。

十四、倒地

是指运动员在比赛过程中除两脚以外的身体任何部位支撑了台面。倒地在比赛中大致有以下三种情况:

1.被击倒,是指遭受对方拳法、腿法的打击而失去重心倒地。

2.被摔倒,是指被对方用摔法致使身体失去平衡倒地。

3.自行倒地,是指由于进攻、防守动作不当,场地不平、过滑等原因造成的倒地。

十五、双方倒地

是指比赛过程中双方运动员都失去了平衡,双方的身体都支撑了台面(除双脚以外的身体任何部位);或者一方将另一方摔倒时自身也失去了平衡,支撑了倒地一方运动员的身体上。

需要注意的是:

1.当一方运动员倒地,台上裁判员发出"停"的口令后,因倒地方明显二次发力使用动作致使另一方倒地,应判为单方倒地。

2.双方互摔,一方倒地后紧紧抓握或搂抱另一方身体的某一部位不放,但站立者并未失去身体平衡,即使其身体触及了倒地一方的身体,只要没有形成实质性支撑,仍应判为单方倒地。

十六、主动倒地

是指两脚以外的身体其他部位需要先支撑台面后才能使用方法,或使用方法后必须倒地的进攻方法。运动员使用这类动作时,台上裁判员要迅速准确地分辨出是否是主动倒地。主动倒地必须是自己处于正常平衡的姿势时使用的一种进攻或防守反击的方法。如果自己身体已经失去平衡,但为了躲避打击顺势倒地,而又没有衔接合理的进攻方法,则不能视为主动倒地。

主动倒地大致有以下几种情况:

1.使用主动倒地的动作进攻将对方击倒,并能顺势站立得2分。

2.使用主动倒地的动作将对方击倒,但对方倒地时压住了主动倒地一方的身体致使其不能顺势站立,应判动作无效。

3.使用主动倒地动作进攻没有击中对方,但在3秒钟内起身站立,不得分。

4.使用主动倒地动作进攻没有击中对方,而在3秒钟内又不能迅速站立,判主动倒地者"消极3秒钟"。

5.使用"后倒蹬枝"的方法成功地将对方蹬(掀)下台,则视为主动倒地一方进攻成功,得2分;如果不成功,则视为双方倒地。

十七、消极3秒钟

是指运动员使用主动倒地动作进攻后,没有或不能在3秒钟内迅速站立,台上裁判员应立即喊"停",对其进行"消极3秒钟"的判罚。

十八、下台

是指运动员在比赛中(从"开始"至"停"的口令期间),其身体的任何部位支撑了台下的保护垫或场地,均判为下台。

十九、双方下台

是指双方运动员在比赛时(从"开始"至"停"的口令期间)同时或先后都掉下了擂台。

二十、下台无效

是指双方或一方运动员在台上裁判员喊"停"之后下台,或先倒地者二次发力把对方掀(推)至台下,或一方下台时,另一方虽在台上但没有与台下运动员身体的某一部位完全脱离,均被视为下台无效。

二十一、指定进攻与消极5秒钟

比赛中运动员互不进攻时间达到5秒钟时,台上裁判员须指定消极一方运动员或双方消极中的任何一方进攻。台上裁判员指定一方运动员进攻后,就按每秒一次的频率用手指在体侧记数5次的方法计时,运动员达5秒钟仍不进攻时应喊"停",并给予被指定一方运动员"消极5秒钟"的判罚。

执行此条款需要注意的是:

1.台上裁判员一定要养成在比赛中"默计时间"的习惯。

2.应把握好两个时间段,即指定进攻前运动员没有攻防动作的时间大约为5秒钟,指定进攻后运动员必须在5秒钟内组织进攻。

3.运动员被指定进攻后,任何一方在5秒钟内组织了进攻,裁判指令结束。

4.被指定进攻后,如果运动员没有在有效距离内进攻对方,或只是佯装进攻对方,则不能作为执行了裁判指令,应继续计算时间。

5.被指定进攻的运动员在有效距离内进攻时,若因对方调整了距离或做出了防守而没能产生打击效果,进攻仍然有效,裁判指令结束。

6.一局比赛中,如果双方运动员都出现消极,台上裁判员指定进攻时应考虑双方运动员的均衡性,不能偏向某一方运动员。

二十二、方法不清楚、效果不明显

是指运动员完成动作时的质量和效果均不符合击中得分的要求。运动员使用方法进攻时,因进攻时机不对或己方处于被动状态而勉强发出了动作,虽然打到了对方但没有造成击中的效果,或一擦而过。

二十三、抱缠时击中对方不得分

是指一方运动员抱住另一方运动员后,或者在双方互相搂抱的情况下击打对方,即使是有效部位,也不予得分。

二十四、分开

是指运动员相互抱缠没有进攻动作或无效进攻超过2秒钟时,台上裁判员应喊"分开"的口令。此时,运动员必须松开对方,面向对方,两脚依次后退一步,双方完全分开且相隔两臂间距后,不用等裁判员示意,即可进攻对方。但在完全分开前,不得进攻对方。运动员在擂台警戒线外,分开后退有可能掉下擂台时,可侧向移动。

所谓"相互抱缠没有进攻动作或无效进攻",是指运动员抱缠在一起时,既不使用方法也没有分离的状态;或是两人纠缠在一起,虽有动作但没有得分效果,并且超过2秒钟时没有停止的迹象。由于运动员相互抱缠通常与使用摔法有关,因此,可以从如下几个方面来理解执行:

1.摔法有效,是指一方或双方运动员刚一"搭把"即用摔法使对方失重或失控,随即将对方摔倒或致使对方下台。也就是说,运用摔法是一气呵成的,没有"变招"或"变劲"的迹象。对于这样的摔法不宜用2秒钟的时间来限制。

2.当一方或双方运动员使用摔法时,相互"抢把"且未能"得把"达2秒钟以上,台上裁判员应即刻上前分开双方,运动员退后两步继续比赛。

3.当一方或双方运动员在使用摔法"得把"后,因对方抗摔使施摔方一再变劲、变招达2秒钟以上,台上裁判员应即刻上前分开双方,运动员退后两步继续比赛。

在台上裁判员发出"分开"的口令后会出现以下几种情况:

1.运动员在台上裁判员喊"分开"的同时,发力将对方摔倒或推打下台,应被视为动作有效。或者在"分开"口令的同时挣脱了抱缠,并使用方法击中对方,应被视为击中有效,此时台上裁判员不应暂停比赛。

2.在台上裁判员喊了"分开"口令并示意双方运动员分开后,若运动员不听从指挥,继续搂抱对方或松开对方后不后撤,则台上裁判员喊"停",判该运动员"技术犯规"。

3.在台上裁判员喊了"分开"口令并示意双方运动员分开后,若运动员继续进攻对方,或者没有后撤就主动进攻对方,台上裁判员应喊"停",并给予该运动员"侵人犯规"的处罚。

4.在台上裁判员喊"分开"后,如果确实属于动作原因造成双方运动员无法分开,台上裁判员可喊"停",然后使比赛继续进行。

台上裁判员喊"分开"时应注意:

1.喊"分开"时应靠近双方运动员,尽量与双方运动员成三角形站立,以便双方运动员都能听清口令或看见手势。

2.双方运动员抱摔虽超过2秒钟,但有可能会出现一方或双方倒地时,台上裁判员不应喊"分开"。

3.双方运动员抱缠虽超过2秒钟,但一方或双方有脱离的意识并可能产生分开效果时,台上裁判员不应喊"分开"。

4.双方运动员在擂台黄色警戒线以外抱摔虽超过2秒钟,有可能会出现一方或双方下台时,台上裁判员不应喊"分开"。

二十五、消极搂抱

是指运动员在比赛过程中主动搂抱对方以阻止对方进攻,但自己又不使用摔法或无效摔、打对方,消极等待裁判员喊"分开"的行为,且这种行为反复出现。

对于"消极搂抱"行为的判定:首先应看是哪一方运动员主动搂抱对方;其次要看该运动员搂抱对方后是否在 2 秒钟内使用了摔法;最后看其是否反复使用。所谓"反复"使用,是指运动员消极搂抱的行为在一场比赛中达到 2 次以上。

"消极搂抱"的判罚要与"分开"的口令结合执行。在一场比赛中运动员第 1 次出现消极搂抱的行为时,采用"分开"的口令与手势。当其出现第 2 次消极搂抱的行为时,台上裁判员应喊"停",并给予该运动员消极提示 1 次。在其出现第 3 次及以上消极搂抱的行为时,每出现 1 次,对其判罚 1 次"技术犯规"。

运动员实施消极搂抱的意图一般有三种情况:

1.运动员为了获得体力上的调整。

2.运动员为了保持既有的比赛成果。

3.运动员进攻后或者发现对方即将进攻时,立即近身搂抱对方,不让对方进行有效的反击或进攻。

消极搂抱的动作状态一般有以下几种情况:

1.两手搂抱对方的头、颈部而不使用摔法。

2.两手搂抱对方的肩部内侧或外侧而不使用摔法。

3.以一臂或两臂夹拧对方的上肢而不使用摔法。

4.两手搂抱对方的腰部而不使用摔法。

二十六、背向逃跑

是指一方运动员在比赛中为了躲避对方的进攻而转身背向对方运动员逃跑的行为。一旦出现这种行为,台上裁判员应喊"停",并给予逃跑一方运动员"技术犯规"的处罚。

二十七、有意拖延比赛时间

是指运动员在局间休息后回到场上拖拖拉拉;或倒地、下台后故意磨磨蹭蹭不迅速起来;或有意借故整理护具等。凡此类情况均视为"有意拖延比赛时间",作为技术犯规处理。

二十八、实力悬殊

是指双方运动员技能、体能的整体水平有较大差异,在比赛中主要表现为一方已没有进攻与防守的能力,胜负已经十分明显。一旦出现这样的情况,为保护运动员的安全,台上裁判员、裁判长和总裁判长会商认定后,宣布技术强者为"优势胜利"。

二十九、领先 12 分优势胜利

是指在一局比赛中,一方运动员领先另一方运动员 12 分时,判得分多者为该场比赛胜方。对于领先 12 分的判定,在实行 5 人制边裁时,应至少获得 4 位边裁判员的判定;实行 3 人制边裁时,需要全部 3 位边裁判员的判定。

三十、重击

是指运动员使用可用方法击中另一方非禁击部位而造成另一方被读秒的现象。

三十一、知觉失常

是指运动员在被重击之后,身体所表现出来的一种不正常的状态。具体表现为:站立重心不稳,步履蹒跚紊乱,不能平衡身体;面部表现痴呆,意识不清,呼吸急促或微弱等。

三十二、读秒

读秒一般可分为两种:一种是因对方犯规而有可能造成伤害,为保障运动员的安全进行的读秒;一种是运用合理的方法重创对方运动员,使其不能马上继续比赛,为保障其安全进行的强制读秒。

读秒时,台上裁判员须迅速靠近被读秒的运动员,以利于清楚地观察其面部表情,并且所处位置要以不挡住裁判长的视线为宜。

读秒有三种情况:

1.读8秒

台上裁判员在读秒过程中,运动员已举手示意可继续比赛,但仍须读完8秒钟后再继续进行比赛。

2.读10秒

台上裁判员在读秒过程中,运动员没有示意要求继续比赛,或虽已示意可以继续比赛,但发觉其知觉失常时仍须读到10秒钟。一旦读到10秒钟,则表示该场比赛已经终止。

3.终止读秒

台上裁判员在读秒过程中,如果发现运动员出现休克、关节脱臼、骨折等危险状态时,即刻停止读秒,取下运动员的护齿并用手势请医生将运动员送到后场进行急救处理。

读秒后的判罚有三种情况:

1.一方运动员因对方犯规被读秒,但在读至8秒钟前已表示能继续比赛且知觉也正常,则给犯规一方运动员"警告"的判罚。

2.因对方犯规而造成被读秒,并因可能受伤而停止比赛接受检查的一方运动员,经医务监督检查确认不能继续比赛,则判犯规一方被"取消比赛资格"。如经医务监督确认尚未达到已造成伤害的程度,但事实上已不能继续比赛,则判犯规一方"警告",同时判其为胜方。

3.运用允许的方法重创对方使之"强制性读秒"。被强制性读秒后,如受创一方能继续比赛,则应给其"压点"和相应的判罚。如不能比赛,则判另一方运动员获胜。

三十三、犯规的处罚

是指运动员在比赛中的行为违反了《规则》后所必须受到的相应处罚。

犯规的处罚有三种情况:

1.劝告,运动员在比赛中只要出现规则中列举的"技术犯规"的行为,即应受到"劝告"的处罚。

2.警告,运动员在比赛中只要出现规则中列举的"侵人犯规"的行为,即应受到"警告"的处罚。

一般情况下,在使用"劝告"和"警告"处罚前可视需要先给予"提示",这种提示必须是在有"犯规表示"但又未造成犯规后果时使用,如果已造成犯规后果,则应直接给予相应的处罚。此外,在评判是否犯规和给予何种判罚时要注意统一尺度,坚持始终。

3.取消比赛资格,运动员在比赛中只要出现规则中列举的应受"取消比赛资格"处罚的行为,即应受"取消比赛资格"的处罚。

三十四、记分

是指边裁判员根据运动员使用的不同方法,击中的不同得分部位,产生的不同效果和台上裁判员的不同评判情况,按照得分标准及时记录运动员的得分。以下两种情况应注意:

1.击中的部位可能是不同分值的交接点,也可能是得分与不得分的交接点,统一按下限取值。也就是说,如击中2分与1分的交接点,按得1分记录。如击中得分与不得分的交接点,则不得分。

2.使用同一个动作产生不同分值的效果,应将各分值累加记分。例如,红方运动员用腿法击中蓝方躯干或头部,应得2分;如果腿法击中蓝方躯干或头部并致使蓝方倒地,应将红方腿法所得的2分再加上因蓝方倒地而得的2分,红方一个动作共得4分;如果蓝方倒地后并被强制读8秒钟,此时,红方除了前面所得的4分外,还应加上蓝方被强制读秒的2分,红方一个动作共得6分。

三十五、每局胜负评定

边裁判员用色别标志(色别灯、色别牌)表示胜负结果,色别标志多者为胜方。

三十六、主动进攻技术强

对于主动进攻技术强的具体判定标准是:

1.一局比赛结束,当双方比分相同时,依据运动员在本局比赛中被判消极搂抱、消极5秒钟、强制读秒少者的顺序直接决定本局胜方。

2.当以上几种情况相同时,应依据下列情况综合考虑判定胜负:

(1)一方在主动运用进攻技术的方法和效果方面好于另一方。

(2)比赛过程中一方运动员在积极主动进攻的表现方面好于另一方。

(3)一方在主动进攻的意识和顽强拼搏的精神方面好于另一方。

值得注意的是:

1.评判时要根据运动员在整局而不是某一个时间段比赛中的表现进行判定,尤其是不能只根据临近比赛结束时运动员的表现来判定。

2.边裁判员要根据比赛中运动员的实际表现来判定,而不应受场外因素(观众、教练员等)的影响。

三十七、关于比赛护具的相关规定

1.比赛中运动员必须且只能穿戴《规则》中规定的护具进行比赛,既不能多穿戴护具,也不能少穿戴护具(如护齿、护裆等)。否则判技术犯规,并要求立即改正,方可继续比赛。运动员若因伤确需穿戴《规则》规定以外的护具上场比赛,只能穿戴软性护具上场,如护肩、护腰、护膝、护踝、胶布带等,且必须经医务监督员盖章确认后方为有效。

2.运动员必须缠好缠手带后才能戴拳套参加比赛,裁判员在场上一旦发现运动员没有戴缠手带时,直接宣布对方为本场胜方。

3.运动员检录上场后,无论什么原因,只要拳套脱落,一律按有意松脱护具判技术犯规,给予"劝告"的判罚。如果运动员在将对方推打下台或摔倒时自己的拳套脱落,则下台和倒地无效,判拳套脱落的运动员技术犯规。如果被摔倒或下台一方运动员拳套脱落,不仅倒地和下台有效,还要给予"劝告"的判罚。

参考文献

［1］ 刘艺林等.中外军警格斗搏击全书［M］.北京:中国人民公安大学出版社,2000年.

［2］ 林荫生.实用搏击［M］.北京:警官教育出版社,1999年.

［3］ 郑旭旭.格斗空手道［M］.北京:人民体育出版社,1993年.

［4］ 周争蔚.散打教学与训练［M］.北京:人民体育出版社,2010年.

［5］ 刘明亮.警体格斗训练教程［M］.北京:人民公安大学出版社,2006年.

［6］ 曾于久.武术散打训练新论［M］.北京:人民体育出版社,2013年.

［7］ 赵志强.特警格斗训练教程［M］.北京:北京体育大学出版社,2008年.

［8］ 王平主.警务技能训练教程［M］.北京:中国人民公安大学出版社,2004年.

［9］ 舒建臣.泰拳基础训练读本［M］.北京:人民体育出版社,2006年版.

［10］ 刘建武.警务技能基础训练教程［M］.厦门:厦门大学出版社,2015年.

［11］ 刘卫军.现代中国式摔跤训练方法［M］.北京:北京大学出版社,2005年.

［12］ 魏峰.泰国拳雄霸拳坛500年［M］.北京:北京体育大学出版社,2006年.

［13］ 刘书元.警察体能训练［M］.北京:中国人民公安大学出版社,2003年.

［14］ 林荫生.警用搏击教程［M］.福州:福建教育出版社,1996年.

图书在版编目（CIP）数据

警用格斗技术训练教程 / 谢佳山编著. -- 厦门：
厦门大学出版社，2018.8（2025.7 重印）
ISBN 978-7-5615-7001-2

Ⅰ. ①警… Ⅱ. ①谢… Ⅲ. ①警察-技击（体育）-运
动训练-教材 Ⅳ. ①G852.42

中国版本图书馆CIP数据核字(2018)第125812号

责任编辑　陈进才
美术编辑　蒋卓群
技术编辑　许克华

出版发行　**厦门大学出版社**
社　　址　厦门市软件园二期望海路 39 号
邮政编码　361008
总 编 办　0592-2182177　　0592-2181406(传真)
营销中心　0592-2184458　　0592-2181365
网　　址　http://www.xmupress.com
邮　　箱　xmup@xmupress.com
印　　刷　厦门市明亮彩印有限公司

开本　787 mm×1 092 mm　1/16
印张　15.25
字数　372 千字
版次　2018 年 8 月第 1 版
印次　2025 年 7 月第 4 次印刷
定价　39.00 元

厦门大学出版社
微信二维码

厦门大学出版社
微博二维码

本书如有印装质量问题请直接寄承印厂调换